GUIDE PRATIQUE

POUR LA

RÉDACTION DE TOUS LES ACTES

DES NOTAIRES

Tout exemplaire non revêtu du cachet de l'Administration sera réputé contrefait.

Paris. — Imprimerie de E. DONNAUD, rue Cassette, 9

GUIDE PRATIQUE

POUR LA

RÉDACTION DE TOUS LES ACTES

DES NOTAIRES

AVEC LES

DROITS D'ENREGISTREMENT APPLIQUÉS A CHAQUE ACTE

PAR

ALEXANDRE MICHAUX

AUTEUR DU TRAITÉ DES LIQUIDATIONS.

PARIS

A L'ADMINISTRATION DU JOURNAL DES NOTAIRES ET DES AVOCATS

RUE DES SAINTS-PÈRES, 52

1863

On connaît la célèbre devise que la chambre des notaires de Paris a fait graver sur la façade de son palais: *Lex est quodcumque notamus*.

Cette devise est justifiée par l'importance des fonctions notariales: — en effet les actes font la loi des parties; — celles-ci s'obligent à les exécuter, — à satisfaire à toutes les conditions et à toutes les obligations qu'ils contiennent.

Il est donc d'une grande utilité de rédiger les actes avec clarté, précision, simplicité, — et d'éviter toute ambiguïté, toute équivoque qu'entraîne nécessairement un style diffus, plein de redondances et de synonymes.

Les actes, destinés à être commentés, ne doivent pas, plus que la loi, donner prise à une interprétation fausse: — il ne faut pas que la mauvaise foi puisse trouver un point d'appui dans l'obscurité d'une phrase — ou dans l'omission d'une clause.

Avant de rien écrire, le notaire s'entoure de tous les renseignements, — exige toutes les justifications, — a entre les mains toutes les pièces qui lui sont nécessaires : — ces éléments réunis et complets, il n'y a plus qu'à rédiger.

Dans sa recherche de renseignements, le notaire n'a rien à attendre de ses clients; — il doit tout demander, tout prévoir lui-même.

Il sait que les clients (ou du moins quelques-uns) sont toujours prêts à imputer à son ignorance les omissions — et les erreurs. — Il cherche à éviter cette imputation ; — mais malgré lui, malgré ses soins scrupuleux, une omission se glisse facilement (— comment faire autrement dans un tel dédale? —); on s'en aperçoit souvent quand l'acte est signé; alors il faut faire une rectification, ce qui occasionne des retards, de nouveaux frais et indispose encore le client ombrageux.

Durant notre longue cléricature, nous avons été frappé d'un tel état de choses et nous avons cherché à y remédier : — Dans ce but, nous avions fait, pour notre usage personnel, un aide-mémoire: — nous avions rassemblé pour quelques actes les plus fréquents — les contrats de mariage et inventaires, par exemple — des notes contenant, non-seulement les éléments indispensables à la validité des actes, — mais encore les divers renseignements à obtenir des clients dans les principales circonstances qui peuvent se rencontrer.

Nous nous sommes toujours servi de ces notes — et nous nous en sommes bien trouvé; — nous les avions toujours sur nous, lorsqu'en dehors de l'étude nous avions un acte à faire ou à préparer.

Ce sont ces notes — complétées pour tous les cas, et étendues à tous les actes — que nous livrons au public.

Nous avons essayé d'en faire — un guide — un *vade-mecum* toujours prêt à enseigner, — un indicateur toujours exact et fidèle.

Ainsi conçu, pensions-nous, — les notaires le consulteront avec fruit — dans les circonstances difficiles — même pour les actes compliqués;

Les clercs y auront recours pour les actes courants — qu'ils rédigeront sans nullité — et prépareront sans hésitation;

Les personnes étrangères aux affaires pourront elles-mêmes compulser notre livre pour se rendre compte de la manière dont leurs contrats doivent être faits, — pour leur faciliter l'explication de leurs conventions, — et leur faire connaître les droits d'enregistrement auxquels chaque stipulation donne ouverture.

Ce serait ainsi une certitude pour l'officier ministériel qui ne craindrait pas l'examen de ses actes — et pour le client qui pourrait, sûrement, et avec connaissance de cause faire lui-même cet examen.

Tel est le but que nous nous sommes proposé :

— Nous l'avons poursuivi de tous nos efforts, sans avoir la prétention, ni même l'espérance d'être parvenu à l'atteindre.

L'accueil sympathique fait par le public à notre *Traité des liquidations et partages*, — notre première publication, — nous fait cependant espérer que le fruit de nos travaux actuels sera reçu aussi avec une bienveillante indulgence.

Nous n'avons rien négligé pour satisfaire nos lecteurs : — les lois nouvelles sur le timbre et le double décime ont été énoncées ; — et les droits d'enregistrement ont été appliqués à chaque acte.

En un mot, nous avons mis tous nos soins à rendre notre ouvrage digne du public spécial auquel il est destiné.

Nous prendrons la liberté de faire encore en terminant, et comme pour compléter notre œuvre, une recommandation importante, surtout aux clercs de notaire.

Nous leurs recommanderons de ne jamais faire un acte légèrement ; — de bien se pénétrer des intentions des parties, — de les bien comprendre et de tâcher de s'en faire bien comprendre, — d'apporter la plus grande attention à la rédaction, — et surtout d'avoir toujours présent à l'esprit que l'acte qu'ils rédigent en une heure — est fait pour l'avenir, — qu'il peut avoir des conséquences immenses, — qu'il doit être exécuté fidèlement par les intéressés ; — qu'il est souvent la sauvegarde de leur fortune, — le lien de leur concorde, — le terme de leur animosité, — la barrière infranchissable de la mauvaise foi et de la fraude ; — enfin la LOI des parties, — établie par elles, — obligatoire pour elles :

Lex est quodcumque notamus.

A. M.

Nous renvoyons pour les formules au *Dictionnaire du Notariat*, 4e édition, — et au *Formulaire-Pocket*.

GUIDE PRATIQUE

POUR

LA RÉDACTION DES ACTES

DES NOTAIRES.

TITRE PREMIER

DES COPIES, EXTRAITS ET RÉPERTOIRES

CHAPITRE PREMIER

Des expéditions.

L'expédition est la copie littérale d'un acte, sans aucun changement.

On plie le papier en 4 ; — on écrit sur les 3/4 de la argeur; — le dernier quart est la marge destinée à recevoir les renvois.

Chaque expédition doit contenir 25 lignes à la page de papier au timbre de 1 fr. 25 (loi 13 brumaire an VII, art. 20 et 26), — aujourd'hui 1 f. 50 (loi du 24 juin 1862, et 15 syllabes à la ligne (art. 174 du tarif de février 1807).

On rapporte la mention entière de l'enregistrement et la signature du receveur, — mais il est inutile de rapporter les signatures des parties.

Il est bon d'écrire les noms propres, les prix et les différents titres du corps de l'acte en rondes ou en gros caractères pour les mieux faire ressortir.

L'expédition est ensuite collationnée avec soin ; — les renvois et les mots nuls sont comptés et approuvés par une mention mise en marge en regard de la fin du texte.

Au-dessus de cette mention, se met le sceau du notaire.

Il est d'usage de tirer des barres dans les blancs à la fin de chaque alinéa.

Le notaire signe la fin de l'expédition et paraphe les renvois, la mention des mots nuls et le bas de chaque recto.

Les pièces deposées ou annexées s'expédient de la même manière, seulement on rapporte les signatures, les diverses mentions d'enregistrement, de légalisation, et de style final.

Ce style se met à la fin de chaque expédition délivrée par un autre notaire que celui qui a reçu l'acte, — et a pour but d'expliquer comment on a le droit d'en délivrer des copies.

Le testament olographe s'expédie — avec les fautes d'orthographe, — de style, — les erreurs de l'original, — sans en changer un iota.

La copie collationnée est une copie faite sur l'expédition ou sur l'extrait d'un acte reçu par un autre notaire et représenté par une partie.

Ces copies diffèrent des expéditions proprement dites, en ce qu'elles peuvent être écrites sur papier de toutes dimensions et sont soumises au droit fixe d'enregistrement de 2 fr.

CHAPITRE II

Des grosses.

Les grosses ne sont tout simplement que des expéditions revêtues de la formule exécutoire.

Aux termes du décret du 2 décembre 1852, toute grosse doit commencer par ces mots :

« *NAPOLÉON, — par la grâce de Dieu et la vo-*
» *lonté nationale, Empereur des Français, — à tous*
» *présents et à venir, salut :* »

On copie l'acte en entier, et après la mention d'enregistrement, on ajoute cette formule :

« *Mandons et ordonnons à tous huissiers sur ce re-*
» *quis de mettre ces présentes à exécution, à nos pro-*
» *cureurs généraux et à nos procureurs près les tri-*
» *bunaux de première instance d'y tenir la main; à*
» *tous commandants et officiers de la force publique*
» *d'y prêter main-forte lorsqu'ils en seront légale-*
» *ment requis.*

» *En foi de quoi, la présente grosse a été scellée,*
» *signée et délivrée par M*[e] *N..., notaire soussigné.*»

CHAPITRE III

Des ampliations.

Le notaire, à qui une grosse a été déposée ou annexée à un de ses actes, peut en délivrer des ampliations ou de nouvelles grosses.

Quand une grosse commune à plusieurs créanciers est déposée pour minute à un notaire, celui-ci en délivre une ampliation à chacun, pour lui servir de titre exécutoire.

Il en est de même quand une partie de la créance a été transportée, ou divisée entre plusieurs héritiers.

Il est d'usage, à Paris surtout, de délivrer les ampliations sans se préoccuper de l'autorisation judiciaire prescrite pour la délivrance des 2es grosses, en vertu de l'art. 26 de la loi du 25 ventôse an XI et de l'art. 844 du Code de procédure.

Cependant, comme les ampliations ne sont en réalité que des secondes grosses, nous estimons que le seul consentement des parties ne suffit pas, — et que l'autorisation du président du tribunal civil est nécessaire chaque fois qu'il y a lieu de délivrer une ampliation.

CHAPITRE IV

Des extraits.

Il y a deux sortes d'extraits : les extraits littéraux, les extraits analytiques.

L'extrait littéral est la copie textuelle d'une partie ou d'une disposition d'un acte.

L'extrait analytique est, comme l'indique son nom, une analyse de l'acte ; on peut changer les termes, pourvu qu'on n'en dénature pas le sens : si l'on dénaturait le sens de l'acte, ce serait une fraude dont le notaire serait responsable.

Ces extraits, comme les expéditions, sont écrits sur papier à 1 fr. 50 ; — ils contiennent le même nombre de lignes à la page, et de syllabes à la ligne.

Quelques extraits doivent être littéraux, — d'autres peuvent indifféremment être ou littéraux ou analytiques.

SECTION PREMIÈRE

DES EXTRAITS LITTÉRAUX.

Art. 1er. — Des extraits pour radier.

Ils doivent contenir :

La nature de l'acte extrait,

La date,

Les noms et résidence du notaire qui l'a reçu,

La mention d'enregistrement,

Les noms, prénoms, qualités et demeures des parties,

La somme reçue, si c'est une quittance,

La mainlevée donnée,

La date, le volume et le numéro de l'inscription,

Le bureau où elle a été prise,

Les réserves ou restrictions faites à la mainlevée,

Le consentement à radiation,

La décharge donnée au conservateur,

La mention consentie.

Cet extrait est *littéral ;* les conservateurs refuseraient la radiation sur la production d'un extrait analytique (decis. minist. finances, 8 août 1838).

Art. 2. — Des extraits de contrat de mariage pour publier.

On indique, outre la date du contrat, le nom du notaire, et l'enregistrement ;

Les noms, prénoms, qualités et demeures des futurs époux ;

La clause établissant le régime des époux.

Art. 6. — Des extraits de testaments.

Ils portent :

La date du testament,

La forme et les diverses formalités,

La mention d'enregistrement,

Le nom du notaire qui l'a reçu, ou à qui il est déposé,

Les noms du testateur,

La disposition entière concernant le légataire qui requiert l'extrait.

Art. 4. — Des extraits de société pour publier.

Ces extraits doivent contenir :

Les noms, prénoms, qualités et demeures des associés autres que les actionnaires et commanditaires,

La raison de commerce de la société,

La désignation de ceux des associés autorisés à gérer, administrer et signer pour la société,

Le montant des valeurs fournies ou à fournir par actions ou en commandites,

L'époque où la société doit commencer et celle où elle doit finir.

Art. 5. — Des extraits d'intitulé d'inventaire.

Ils énoncent :

Les noms et prénoms du défunt,

Le jour de son décès,

La profession qu'il exerçait,

Sa demeure,

La date du commencement de l'inventaire.

Les noms et résidence du notaire qui l'a dressé,

La copie des noms et qualités de tous les héritiers, tel que le tout est écrit en l'inventaire,

La mention d'enregistrement de la première vacation.

SECTION II

DES EXTRAITS POUVANT ÊTRE ANALYTIQUES.

Art. 1er. — Des extraits de procuration.

Les extraits que l'on fait le plus souvent sont les extraits de procuration.

Ils contiennent :

La date de la procuration,

Les noms et résidence du notaire qui l'a reçue,

Les mentions d'enregistrement, — de légalisation, — d'annexe,

Les noms, prénoms, profession et demeures du mandant et du mandataire,

Les pouvoirs concernant l'objet de l'extrait,

Les noms du notaire qui le délivre.

Les extraits de substitution, d'autorisation maritale se font de la même manière.

Art. 2. — Des extraits de liquidation et partage.

On porte :

La nature et la date de l'acte,

Les noms du notaire qui l'a reçu, et sa résidence,

La mention d'enregistrement,

Les noms, prénoms et demeures des parties,

Leurs qualités héréditaires,

Les noms du défunt,

Le jour de son décès,

L'analyse sommaire des opérations,

La copie littérale du lot échu au copartageant dont s'agit, ou des biens et valeurs à lui attribués,

Les soultes à la charge ou au profit de ce lot,

Les conditions,

Les charges pouvant avoir quelque intérêt pour le copartageant,

L'homologation et les différentes formalités accomplies.

SECTION III

OBSERVATIONS GÉNÉRALES.

Nous ne donnerons pas plus d'exemples relativement aux extraits, — cela nous entraînerait trop loin.

Nous rappellerons seulement qu'à chaque expédition, grosse ou extrait d'actes, dont une des parties est représentée par un mandataire, il faut faire un extrait de la procuration.

Si l'on veut obtenir une radiation, il ne suffit pas d'énoncer toutes les qualités dans l'extrait *littéral,* — il faut aussi joindre un extrait de chaque pièce prouvant ou établissant ces qualités : notoriété, — intitulé d'inventaire, — partage, — homologation, — testament, — cession, — transport, etc.

Quand on veut radier une inscription d'office prise pour sûreté d'un prix de vente, — la mainlevée de l'inscription est insuffisante, — il faut de plus constater dans l'extrait le payement du prix.

Les extraits, de même que les expéditions et les grosses, ne doivent être signés que par le notaire détenteur de la minute ou possesseur du brevet.

Les renvois sont non-seulement paraphés, mais signés.

La mention marginale placée à la fin et également signée, indique le nombre des rôles, des renvois et des mots nuls (délib. de la chambre des notaires de Paris du 27 avril 1834).

CHAPITRE V

Des répertoires.

L'art. 29 de la loi du 25 ventôse an XI porte que les notaires tiendront un répertoire de tous les actes qu'ils recevront.

Les répertoires sont visés, cotés et paraphés par le président ou un juge du tribunal civil : ils contiennent la date, la nature et l'espèce de l'acte, les noms des parties et la relation de l'enregistrement (même loi, art. 30).

Les actes doivent être inscrits sur le répertoire jour par jour, — sans blanc ni interligne, et par ordre de numéro, — à peine de 5 fr. d'amende pour chaque omission (loi 22 frimaire an VII, art. 49, — 16 juin 1824 art. 10).

Le répertoire est fait sur huit colonnes :

1° Le numéro d'odre,

2° La date de l'acte,

3° L'espèce de l'acte, — brevet ou minute,

4° Sa nature : — vente, — obligation, — inventaire procuration, etc.,

5° Les noms et prénoms des parties et leur domicile (la loi n'oblige pas à mettre leur profession),

6° L'indication, situation et prix des biens, sommes et valeurs,

7° La date de l'enregistrement,

8° Le montant des droits perçus (art. 50 loi du 22 frim. an VII).

Les sommes et dates peuvent être mises en chiffres (instruct. gén. 7 juin 1808, n° 382).

Les répertoires sont présentés par le notaire, tous les trois mois, au receveur de l'enregistrement qui les vise et énonce dans son *visa* le nombre des actes inscrits.

Cette présentation doit avoir lieu dans les dix premiers jours des mois de janvier, avril, juillet et octobre, —à peine d'une amende de 5 fr. pour chaque dix jours ou décade en retard (art. 51 loi du 22 frimaire an VII).

Chaque année, les notaires déposent une copie, — un double de leurs répertoires au greffe du tribunal civil de leur arrondissement.

Ce dépôt sera fait dans les deux premiers mois de l'année, — c'est-à-dire avant le 1er mars (décis. 9 septembre 1806).

Le défaut de dépôt au 1er mars entraîne une amende de 100 fr. (loi du 16 flor. an IV, art. 1 ; — Déc. minist. fin. 17 septembre 1809).

TITRE DEUXIÈME

PRESCRIPTIONS GÉNÉRALES.

Avant de passer à chaque espèce d'actes, nous croyons utile d'appeler l'attention sur les prescriptions exigées par la loi pour la généralité de ces actes.

Nos lecteurs connaissent certainement ces prescriptions, mais les jeunes aspirants au notariat feront bien de les lire et même de les apprendre, pour éviter quelques-unes de ces erreurs dans lesquelles ils pourraient tomber sans le savoir, et dont les conséquences sont si graves, qu'elles entraînent de fortes amendes et souvent même la nullité des stipulations contenues dans les contrats.

La loi du 25 ventôse an XI porte que les actes doivent être écrits en un seul contexte, lisiblement, sans abréviation, blanc, lacune ni intervalle (art. 13), à peine de 10 fr. d'amende (loi du 10 juin 1824).

Malgré l'obligation d'écrire en un seul contexte sans intervalle, il est d'usage de diviser les actes en alinéas pour en distinguer les diverses stipulations.

L'édit de Lorraine du 14 août 1721 exigeait que les noms propres et les sommes fussent écrits en gros caractères : l'usage s'en est conservé encore de nos jours.

Les interlignes et surcharges sont défendus aussi sévèrement que les blancs (loi 25 ventôse an XI, art. 16).

Les mots nuls doivent être rayés visiblement, leur nombre constaté à la fin de l'acte par une mention signée et paraphée des parties, des témoins et du notaire, à peine de 10 fr. d'amende (loi 25 ventôse an XI, art. 16; — loi 10 juin 1824, art. 16.)

Les sommes et les dates sont écrites en toutes lettres (art. 13).

Cependant il n'est pas interdit de répéter les sommes en chiffres, soit dans une colonne, pour les additionner, soit en tableaux pour présenter d'un coup d'œil un ensemble d'opérations.

Les actes peuvent être écrits indifféremment sur du papier timbré à 50 c. — à 1 fr. — ou à 1 fr. 50.

L'art. 8 de la loi de ventôse défend aux notaires de recevoir des actes dans lesquels leurs parents ou alliés en ligne directe à tous les degrés, — et en collatérale jusqu'au degré d'oncle ou de neveu inclusivement, — seraient parties, ou qui contiendraient quelques dispositions en leur faveur.

Les actes sont reçus par deux notaires ou un notaire assisté de deux témoins, citoyens français, sachant signer, et domiciliés dans l'arrondissement communal où l'acte est passé (art. 9 même loi).

Les témoins ou le notaire en second n'ont pas besoin d'être présents à la réception de tous les actes (loi 21 juin 1843, art. 1er).

La présence est exigée au moins au moment de la lecture et de la signature pour les donations, testaments, révocations de donation ou de testament, reconnaissances d'enfants naturels et procurations pour consentir à ces divers actes : — dans ces cas, la présence réelle est mentionnée, à peine de nullité (loi 21 juin 1843, art. 2).

Si, pour les actes ordinaires, la présence des témoins n'est pas exigée, comme on vient de le voir, il n'en est pas de même à l'égard du notaire rédacteur : — celui-ci doit toujours être présent à la signature; — c'est sa présence qui confère l'authenticité, et l'acte qui serait signé en dehors de lui, même en son étude, ne vaudrait que comme sous-seings privés.

Aussi est-ce avec raison que la Cour de Caen (arrêt du 23 juillet 1861) a annulé, comme acte authentique, un contrat de vente reçu par un notaire et signé par lui, mais dont une des parties avait signé hors sa présence.

Deux notaires parents ou alliés au degré prohibé ne peuvent concourir au même acte.

De même ne peuvent être témoins les parents ou alliés, soit du notaire soit des parties, au degré prohibé, leurs clercs et leurs serviteurs (loi 25 ventôse, art. 10).

Le notaire est tenu de connaître le nom, l'état et la demeure des parties, — ou de se faire attester leur identité dans l'acte même, par deux citoyens connus de lui, ayant les mêmes qualités que les témoins instrumentaires (même loi, art. 11).

Tous les actes contiennent les noms et le lieu de résidence du notaire qui les reçoit, à peine de 10 fr. d'amende.

Ils indiquent également les noms, professions et demeures des témoins, — le lieu, l'année et le jour où l'acte est passé, — sous peine, en cas d'omission, de ne valoir que comme sous-seings privés — et de dommages-intérêts contre le notaire (art. 12 et 68).

Les actes sont signés par les parties, les témoins et le notaire : — il en est fait mention à la fin de l'acte (art. 14).

Si les parties ne savent ou ne peuvent signer, le notaire mentionne leurs déclarations (même article).

Les renvois et apostilles peuvent être mis en marge ou à la fin de l'acte ; — on les fait signer ou parapher par les parties et les notaires ; — de plus, si ces renvois sont à la fin, il faut les faire approuver expressément par les parties (art. 15).

Le paraphe des renvois par les parties et les témoins est important, et nous engageons nos lecteurs à bien vérifier l'accomplissement de cette formalité : — l'omission du paraphe par une partie ou un témoin entraîne la nullité du renvoi (ainsi jugé par la Cour d'Alger du 11 déc. 1861, dans une affaire où le renvoi annulé contenait une donation).

Nous allons passer maintenant aux renseignements que l'on doit demander pour tous les actes et contrats, quels qu'ils soient.

Pour éviter de les répeter à chaque nature d'acte, nous allons les donner ici ; — cela simplifiera notre travail et le rendra beaucoup plus clair.

— Pour tous les actes *sans exception*, il faut connaître :

1° Les noms, prénoms, qualités, profession et domicile de chacun des comparants;

2° Les noms, prénoms, profession et domicile de leurs épouses;

3° Le régime sous lequel ils sont mariés.

— Il est souvent utile aussi de savoir :

1° La date et l'endroit de la célébration de leur mariage, s'ils sont mariés sans contrat;

2° La date de leur contrat de mariage et le nom du notaire qui l'a reçu, avec l'indication du régime adopté par les époux : communauté, séparation de biens ou régime dotal.

Dans les actes d'aliénation, pour éclairer les tiers sur la nature des biens, ou la capacité de la femme, on transcrit littéralement différentes clauses, notamment :

1° Celles soumettant tous les biens ou quelques-uns seulement au régime dotal ;

2° Celles autorisant l'aliénation de quelques immeubles, avec ou sans obligation de remploi ;

3° Celles soumettant les aliénations de biens dotaux à diverses formalités ;

4° Celles accordant à l'un ou l'autre époux l'administration, la jouissance ou la libre disposition de ses biens.

Quand les époux sont séparés de biens judiciairement, on énonce la date du jugement prononçant la séparation.

De plus, quand le mari n'est pas présent pour autoriser sa femme, celle-ci devant justifier de ses droits aux tiers avec lesquels elle contracte, il faut relater la publication et l'exécution dudit jugement (exécution qui a pu avoir lieu, soit par une liquidation de reprises, soit par un procès-verbal de saisie et de vente des meubles de l'époux et par la quittance du produit de cette vente versé entre les mains de la femme à valoir sur ses reprises).

Alors, on se fait représenter une expédition du jugement, les pièces de publication, un extrait de la liquidation ou des autres actes d'exécution ; mais il n'est pas d'usage de les annexer ; le notaire constate seulement que ces pièces lui ont été représentées et qu'il les a rendues.

Il y a les mêmes énonciations à faire quand le jugement prononce la séparation de corps et de biens.

Quelquefois le mari est seul présent et agit au nom et comme administrateur des biens de sa femme en vertu de son contrat de mariage, qu'il faut toujours indiquer.

Dans un acte purement conservatoire, un inventaire, par exemple, le mari agit au nom et comme maître des droits et actions mobiliers et possessoires de sa femme, conformément à l'art. 1428 du Code Nap.

Si, au contraire, la femme est seule présente, elle doit avoir une autorisation spéciale de son mari — ou de la justice. — Cette autorisation est annexée nécessairement à l'acte pour lequel elle est spécialement accordée.

Chaque partie indique dans quelles qualités elle comparaît, qualités qui presque toujours nécessitent la production de différentes pièces justificatives.

Ainsi, si c'est en qualité d'héritier, il faut un extrait de l'intitulé d'inventaire ou, à son défaut, une expédition de l'acte de notoriété, — et, s'il y a lieu, la date de l'acceptation bénéficiaire.

Si c'est comme légataire, — un extrait du testament, avec l'énonciation de l'acte d'envoi en possession — et de la délivrance de legs.

Si c'est comme envoyé en possession provisoire des biens d'un absent, — il suffit souvent de la date du jugement prononçant la déclaration d'absence, — et, selon les cas, la date de l'acte du greffe aux termes duquel l'envoyé a fourni caution.

Si c'est comme envoyé définitif, — la date du départ de l'absent ou du jour où l'on a reçu ses dernières nouyelles, pour montrer qu'il s'est écoulé plus de 30 ans depuis, et la date du jugement.

Si c'est comme syndic de faillite, — la date du jugement du tribunal de commerce contenant nomination du ou des syndics, — ou la date du concordat qui les a maintenus dans cette fonction.

Celui qui comparaît comme mandataire fournit le brevet original de sa procuration, ou une expédition si elle est en minute, le tout dûment légalisé.

Le comparant qui substitue un mandataire, outre la procuration, est tenu de représenter la substitution.

Le père ou la mère, agissant pour ses enfants mineurs à titre de tuteur légal, n'a aucune justification à faire ; il déclare simplement sa qualité.

Le tuteur datif et le subrogé tuteur sont obligés de déclarer la date de la délibération du conseil de famille qui les a investis de ces fonctions.

Le tuteur à une interdiction énonce aussi la délibération qui l'a nommé, et de plus la date du jugement d'interdiction.

Pour certains actes, les tuteurs ont besoin d'une autorisation spéciale, alors ils en représentent l'expédition au notaire.

Si le comparant est pourvu d'un conseil judiciaire, il doit être assisté de son conseil, qui l'autorise, en vertu du jugement par lequel il a été nommé à cette qualité, et dont il suffit d'indiquer la date.

Quand c'est un mineur émancipé, on rappelle son âge, avec la date de la déclaration d'émancipation.

Il est utile aussi de le faire assister, la plupart du temps, de son curateur ; ce dernier rapporte la date de la délibération du conseil de famille qui lui a conféré ce titre.

Pour presque tous les cas ci-dessus, les pièces justificatives doivent être annexées, à moins, bien entendu, que ces pièces ne soient déjà en la possession du notaire.

L'art. 17 de la loi du 25 ventôse an XI défend d'insérer dans les actes des noms, qualifications et clauses féodales, — de se servir de mesures autres que celles établies par le système décimal (art. 17). Il est encore nterdit aujourd'hui d'employer un autre calendrier que le calendrier grégorien. — Le tout à peine de 20 fr. d'amende (art. 10 L. 16 juin 1824).

Tous les actes (sauf quelques-uns que nous indiquerons à leur lieu) doivent être enregistrés, sur les minutes, brevets ou originaux (loi 22 frim. an VII, art. 7).

Les actes doivent être présentés à l'enregistrement: — dans les 10 jours de leur date si le notaire réside dans la commune où le bureau d'enregistrement est établi, — et dans les 15 jours si le notaire n'y réside pas (même loi, art. 20).

Outre les droits d'enregistrement, il est perçu en sus deux décimes par franc de ces droits, en vertu de la loi du 24 juin 1862.

TITRE TROISIÈME

ACTES EN BREVET

CHAPITRE PREMIER

DES CERTIFICATS DE VIE.

Il y a deux sortes de certificats de vie :

1° Les uns sont délivrés par un seul notaire, et sont exempts des formalités d'enregistrement et même souvent de timbre;

2° Les autres sont reçus dans la forme ordinaire des actes, c'est-à-dire par deux notaires ou un notaire et deux témoins ; ils sont, comme les actes notariés, timbrés, enregistrés et inscrits sur le répertoire.

Nous diviserons donc ce chapitre en deux sections.

SECTION PREMIÈRE

DES CERTIFICATS DE VIE NON ENREGISTRÉS.

Peuvent être délivrés par un seul notaire, sans subir la formalité de l'enregistrement, les certificats de vie exigés pour le payement des rentes viagères et pensions sur l'État, et notamment les certificats de vie :

Des militaires en retraite (ord. 20 juillet 1817);

Des veuves de militaires et de marins (déc. min. 17 juill. et 28 août 1822);

Des décorés de la Légion d'honneur (déc. 22 août 1817 et 28 février 1826);

Des chevaliers de Saint-Louis (ord. 2 fév. 1825);

Des employés des douanes, des poudres et salpêtres et de leurs veuves et orphelins (déc. 27 janvier et 20 mars 1827.)

Des donataires dépossédés (déc. 28 fév. 1826);

Des titulaires de récompenses nationales (inst. min. 27 juin 1829);

— Tous ces certificats sont exempts du timbre.

Et ceux :

Des rentiers et pensionnaires de l'État (déc. 21 août 1806);

Des pensionnaires de la liste civile (déc. min. 17 fév. 1817);

Des actionnaires des tontines autorisées par le gouvernement, — Lafarge et autres (déc. min. 6 déc. 1812, 8 février 1822);

Des pensionnaires des ministères, des postes et autres administrations (déc. 19 juin 1822);

Des employés en non-activité (déc. 31 déc. 1817).

Ces certificats sont soumis au timbre de 50 c.

A l'égard de tous ces certificats, des formules imprimées sont délivrées dans les bureaux d'enregistrement ou par les payeurs; il n'y a plus qu'à en remplir les blancs au moyen du titre de rente qui contient les indications nécessaires, telles que : la nature de la pension, son importance, le numéro de son inscription.

On se fait représenter l'acte de naissance du pensionné pour vérifier ses nom et prénoms, la date et le lieu de sa naissance; à défaut d'acte de naissance ou en cas d'irrégularité de cette pièce, on peut y suppléer par la production d'un acte de notoriété.

Le titulaire déclare en outre qu'il ne jouit d'aucun autre traitement ou pension à la charge de l'État ou sur les fonds de la caisse des invalides.

Lorsque le titulaire se présente pour la première fois dans une étude, le notaire, outre les pièces ci-dessus (titre d'inscription et acte de naissance) se fait remettre un *exeat* du notaire qui délivrait précédemment le certificat; souvent aussi, quand le titulaire est inconnu, son individualité est attestée par deux témoins sur le registre des certificats.

Voir *Formule,* Dict. Not.

SECTION II

DES CERTIFICATS DE VIE ENREGISTRÉS.

Les autres certificats sont reçus par un notaire et deux témoins ou deux notaires; ce sont des actes ordinaires, timbrés, enregistrés et inscrits sur le répertoire (Cass. 19 nov. 1817).

Dans ces sortes de certificats, on énonce rarement pour quel objet se délivre le certificat, on se borne à constater l'existence pour servir ce que de droit.

Il est toujours bon de rappeler la date de la naissance du certifié.

On certifie quelquefois l'existence d'enfants mineurs; ces actes se font à la réquisition de leurs pères ou tuteurs et sur la représentation des enfants que l'on fait signer, quand ils le peuvent.

Outre les noms et l'âge de l'enfant, il convient de rapporter les noms de ses père et mère, ainsi que leur profession et leur domicile.

Si le pensionnaire est interdit, le certificat est délivré

sur la réquisition de son tuteur, dans les mêmes formes qu'à l'égard des mineurs.

Ce certificat est enregistré au droit fixe de 2 fr.

Voir *Formule*, Dict. Not.

CHAPITRE II

Procurations et autorisations.

La procuration peut être générale ou spéciale.

Générale, quand elle embrasse la généralité des affaires du constituant, — ou du moins la généralité d'une certaine espèce d'affaires, comme toucher toutes sommes, recueillir toutes successions;

Spéciale, quand elle ne concerne qu'une ou plusieurs affaires qui y sont désignées.

Cette division s'applique aussi aux autorisations données par le mari à la femme.

SECTION PREMIÈRE

PROCURATIONS GÉNÉRALES.

La procuration générale est celle qui est donnée pour représenter le mandant dans toutes ses affaires; cette procuration ne peut servir que pour les actes d'administration (C. Nap. 1988). Cependant elle peut contenir certains pouvoirs *exprès*, comme de vendre les immeubles du constituant, acquitter toutes dettes, emprunter et hypothéquer.

Est encore générale dans son objet la procuration donnée :

Pour toucher tous traitements et pensions;

Pour toucher tous revenus, loyers, intérêts et dividendes;

Pour gérer une maison de commerce;
Pour recueillir une succession;
Pour recouvrer tous capitaux;
Pour vendre tous immeubles;
Pour faire toutes poursuites.

Dans tous ces cas, il est peu de renseignements à demander; les formules du *Dictionnaire du Notariat* donnant exactement la forme de ces actes, il suffit d'avoir les indications que nous allons donner.

Art. 1er. — Pour toucher les traitements et pensions.

On demande la nature de la pension (militaire ou civile); — la somme annuelle; — le numéro et le volume de l'inscription.

Art. 2. — Pour toucher les revenus et dividendes.

On s'informe si le mandant veut donner pouvoir de faire toucher tous revenus et dividendes *échus* seulement, — ou *échus* et *à échoir*, et s'il veut faire poursuivre en cas de non-payement.

Art. 3. — Pour gérer une maison de commerce.

Indiquer la nature du commerce, l'endroit où l'établissement est situé, et le nom du commerçant.

Suivre la formule.

Art. 4. — Pour recueillir une succession.

On demande :

Le nom du défunt, la date et le lieu de son décès;
Si les scellés sont ou seront apposés;
Si l'on entend accepter la succession ou y renoncer;
S'il y a des capitaux à toucher, des valeurs indus-

trielles, des rentes sur l'État à transférer, des immeubles à vendre;

Enfin si l'on entend partager et liquider la succession.

Puis ces divers renseignements obtenus, on suit pour la rédaction, la formule du *Dictionnaire* ou du *Formulaire-Pocket* avec les changements nécessités par le circonstances.

Art. 5. — Pour recouvrer les capitaux, vendre tous immeubles, fair toutes poursuites.

Il faut savoir, autant que possible, le nom du des débiteurs, la situation et la nature des immeuble et si l'on veut poursuivre les débiteurs devant les trib naux civils, ou devant les tribunaux de commerce cas de faillite.

Art. 6. — Procuration générale complète.

Dans cette procuration, qui se fait généralem lorsque l'on est sur le point d'entreprendre un l voyage, l'on met souvent le nom du mandataire.

Il faut avoir la certitude que le mandant a bie volonté de donner les pouvoirs de :

Gérer et administrer ses biens,

Recevoir tous loyers, intérêts et revenus échus échoir,

Recevoir tous capitaux,

Faire tous baux et les résilier,

Prendre à loyer tous appartements,

Payer toutes dettes,

Faire tous placements sur l'État, sur particulie en immeubles,

Vendre des immeubles, transférer toutes re créances,

Recueillir toutes successions,

Faire tous partages,

Régler tous comptes,

Poursuivre,

Retirer lettres et mandats de la poste et des administrations,

Donner quittance et mainlevée, même sans payement,

Assister à toutes assemblées de famille,

Substituer.

Voir *Formule*, Dict. Not.

SECTION II

DES PROCURATIONS SPÉCIALES.

Il est nécessaire d'avoir une procuration spéciale pour les actes de l'état civil (C. N., art. 36);

Donner son consentement à un mariage ou s'y opposer (C. N., 66 et 73);

Assister à un conseil de famille (C. N., 412);

Faire un aveu judiciaire (C. N., 1356);

Exécuter une saisie immobilière;

Affirmer une créance produite à une faillite;

Transférer et toucher des rentes sur l'État;

Faire et accepter une donation (C. N., 933; loi du 21 juin 1843, art. 2);

Assister à un contrat de mariage;

Aliéner, hypothéquer, ou faire quelque autre acte de ropriété (1988);

Autoriser les femmes mariées à aliéner, emprunter, ou hypothéquer (C. N., 223, 1538);

Consentir mainlevée d'une inscription (C. N., 2158);

Reconnaître un enfant naturel (C. N., 334);

Révoquer un testament (C. N., 1035);

Faire un acte respectueux (C. N., 154);

Faire une déclaration de privilége de second ordre (loi 22 niv. an XIII; déc. 22 déc. 1812);

Renoncer à une succession (C. N., 784, 793; proc., 997);

Hors ces cas, le mandant a la liberté de ne conférer qu'un mandat spécial, comme, par exemple, lorsqu'il n'a qu'une somme à toucher, qu'un immeuble à vendre, à acheter ou à louer, etc.

Parmi ces procurations la plupart peuvent être en brevet; mais on doit faire en minute les procurations pour faire et accepter une donation, pour reconnaître un enfant naturel et pour transférer des rentes sur l'État dont le capital excède 1,000 fr.

Pour les procurations en minute, il faut nécessairement (et ce sous peine d'amende) remplir le nom du mandataire; ce n'est que dans les procurations en brevet que ce nom est en blanc.

Il se présente fréquemment dans les études (celles des grandes villes surtout) des individus inconnus au notaire et qui viennent faire des procurations; pour couvrir la responsabilité du notaire, on exige la présence de deux témoins (outre les témoins instrumentaires), Français, majeurs, et connus du notaire; ces témoins certifient l'individualité et la capacité civile du mandant.

Bien que la rédaction des procurations ne renferme pas de sérieuses difficultés et qu'elle soit confiée (peut-être à tort) aux débutants qui puisent dans un formulaire l'énumération de pouvoirs dont ils ignorent la valeur, — c'est néanmoins un des actes les plus difficiles, en ce qu'il exige une connaissance exacte des affaires et de la procédure; il faut une longue pratique pour prévoir tout ce que nécessitera l'objet du mandat et insérer tous les pouvoirs utiles aux opérations que le constituant veut faire. Combien de procurations n'ont pu servir, faute d'un mot oublié par le jeune rédacteur! Combien ont dû être recommencées, faute de s'appliquer à l'objet que le mandant avait en vue!

Il est donc important de prendre avec beaucoup de soins les renseignemens sur lesquels on doit rédiger la procuration; s'il ne faut pas oublier de pouvoirs, il ne faut pas non plus en mettre d'inutiles, — deux défauts qu'on n'évite qu'avec des renseignements précis et exacts.

Les procurations variant à l'infini dans leur objet, il serait, on le comprend, impossible d'énumérer toutes les espèces; — nous nous bornerons simplement à donner le cadre des renseignements à demander dans les cas les plus usuels.

Art. 1er. — Pour transférer une rente sur l'État ou autres valeurs.

Il faut connaître :

L'importance de la rente 3 0/0 ou 4 1/2,

La série et le numéro de l'inscription au grand-livre,

Le nom sous lequel elle est immatriculée,

Et au besoin le nom de l'agent de change chargé du transfert.

Voir *Formule*, Dict. Not.

Quand ce sont des actions de la banque de France ou d'autres valeurs cotées à la Bourse, on énonce:

La nature et l'importance des actions ou valeurs,

Le numéro qu'elles portent,

Et le nom de l'immatricule, ou l'indication que ce sont des valeurs au porteur.

Voir *Formule*, *ibid.*

Art. 2. — Pour faire un bail.

On demande :

Les noms et qualités du locataire,

La durée du bail et l'époque de son commencement,

La désignation et la situation des lieux loués,

Le montant du loyer ou fermage et l'époque de payement,

Les diverses clauses exigées par le bailleur ;

Quelquefois on ajoute le pouvoir de toucher les loyers, et d'en donner quittance.

N'oublions pas qu'ici c'est un pouvoir spécial, que, d'après ces renseignements, on rédige suivant la formule.

Art. 3. — Pour vendre.

On s'informe :

De la situation et de l'indication sommaire des biens,

Du nom de l'acquéreur,

Du prix et de l'époque d'entrée en jouissance et de payement du capital et des intérêts,

Des déclarations d'état civil et hypothécaire,

Et si le mandant veut donner pouvoir de toucher le prix et les intérêts, et d'en donner quittance.

Si la vente doit avoir lieu aux enchères publiques, le le montant du prix et l'acquéreur n'étant pas connus, on indique tout simplement la nature, la quantité et la situation des biens, et les déclarations d'état civil.

On laisse habituellement le mandataire libre de choisir les époques et le mode de payement et d'entrée en jouissance, et on le charge de faire toutes justifications.

Voir *Formule*, Dict. Not.

Art. 4. — Pour acheter.

Il faut les mêmes renseignements que pour vendre ;

seulement le nom du vendeur remplace celui de l'acquéreur, et l'on s'oblige au payement du prix et à l'exécution des charges.

Voir *Formule*, Dict. Not.

Art. 5. — Pour emprunter.

On doit connaître :

La somme que les mandants désirent emprunter,

S'il y a ou non solidarité entre eux,

Autant que possible les noms du bailleur de fonds, le temps du prêt et le taux de l'intérêt, — à moins qu'on ne préfère, le prêteur n'étant pas connu, laisser le tout à la faculté du mandataire.

On désigne encore : les biens hypothéqués,

L'état civil et la situation hypothécaire des emprunteurs,

La subrogation dans l'assurance et l'hypothèque légale de la femme, l'emploi auquel les fonds sont destinés.

Voir *Formule*, *ibid.*

Art. 6. — Pour cautionner.

Il est nécessaire de savoir :

Le nom du débiteur cautionné et de son créancier,

La somme due et le titre de la créance,

Les biens hypothéqués en garantie du cautionnement.

Voir *Formule*, *ibid.*

Art. 7. — Pour toucher ou transporter une créance.

On a le nom du débiteur, la somme due à la date de l'obligation, les intérêts dus, — la date et le numéro de l'inscription dont on doit donner mainlevée.

Si l'on transporte, il est bon de savoir si le cédant

entend garantir même la solvabilité du débiteur, ou seulement l'existence de la créance.

Art. 8. – Pour retirer un cautionnement de comptable.

On demande le montant du cautionnement versé au trésor, la qualité du constituant, le numéro de l'inscription et s'il y a un bailleur de fonds, le nom de ce bailleur de fonds.

Voir *Formule*, Dict. Not.

Art. 9. — Pour révoquer.

Il est utile d'avoir le nom du mandataire dont on veut révoquer les pouvoirs, la date de la procuration et le nom du notaire qui l'a reçue.

Art. 10. — Pour faire ou accepter une donation.

Cette procuration devant se faire avec les mêmes solennités que la donation elle-même, à l'aide des mêmes renseignements, nous renvoyons au *Form.-Pocket*.

Droits.— L'enregistrement est de 2 fr. pour chaque mandat (loi 22 frim. an III, art. 68, § 1, n° 22; — loi 22 avril 1816, art. 43): il n'est dû qu'un droit, quel que soit le nombre des mandants, pourvu qu'ils aient un intérêt commun.

CHAPITRE III

Des substitutions.

Il résulte de l'art. 1994 du C. Nap. que toute procuration emporte la faculté de substituer, à moins qu'il n'y ait une stipulation contraire.

Le mandataire peut substituer dans tous les pouvoirs qui lui ont été conférés, en restant responsable de la personne qu'il a choisie.

La loi ne le décharge que dans un seul cas de cette responsabilité, c'est quand le substitué a été choisi par le constituant lui-même (C. N., 1994).

La substitution peut être entière ou partielle.

Nous indiquerons seulement ces deux espèces en renvoyant pour chaque acte, à ce que nous venons de dire au sujet des procurations.

Art. 1er. — Substitution complète.

On énonce le nom du mandant et l'original de la procuration que l'on annexe à la substitution, après l'avoir fait certifier véritable par le substituant.

Voir *Formule*, Dict. Not.

Art. 3. — Substitution partielle.

Les mêmes renseignements que ci-dessus sont à demander, puis on détaille, l'un après l'autre, et dans l'ordre de la procuration, les pouvoirs que le constituant a l'intention de transmettre.

Voir *Formule*, *ibid*.

Droit fixe de 2 fr., comme la procuration.

CHAPITRE IV

Des décharges.

L'art. 1993 du Code Napoléon oblige tout mandataire à rendre compte de sa gestion, c'est justice ; mais le mandataire, après avoir rendu ce compte, s'en fait donner une décharge pour être à l'abri de toute réclamation.

Cette décharge est toujours aux frais du mandant.

Elle peut être générale ou spéciale.

Art. 1er. — Décharge générale.

Le seul renseignement à prendre est l'énoncé de la procuration et le nom du mandataire.

Voir *Formule*, Dict. Not.

Art. 2. — Décharge spéciale.

Outre les indications ci-dessus, il faut savoir :

Le montant de la somme touchée,

Le nom de la personne qui a payé,

La date de la quittance notariée et au besoin du titre originaire de la créance.

Voir *Formule*, *ibid*.

Art. 3. — Décharge de dépôt.

On donne encore une décharge au déposant qui remet l'objet ou l'argent qui lui a été déposé.

Il faut connaître :

Les objets formant le dépôt ou la somme déposée,

La date de ce dépôt,

Et les noms, prénoms, profession et domicile du déposant et du dépositaire.

Si la décharge est donnée à un notaire, il va sans dire qu'il ne peut pas recevoir l'acte lui-même, un notaire ne pouvant être partie dans un acte reçu par lui.

Voir *Formule*, *ibid*.

Droit fixe de 2 fr. (loi 28 avril 1816, art. 43, nos 8 et 11),

Ou droit de quittance, s'il est tenu compte des intérêts des sommes touchées en vertu du mandat (Délib. 18 nov. 1818).

CHAPITRE V

Des consentements.

SECTION PREMIÈRE

CONSENTEMENT A ADOPTION.

L'adopté qui n'a pas accompli sa vingt-cinquième année est tenu de rapporter le consentement de ses père et mère ou du survivant d'eux, à l'adoption (C. N. 346).

C'est de ce consentement que nous allons parler.

Le Code ne parlant que des père et mère, il n'est pas nécessaire, à leur défaut, d'avoir le consentement des autres ascendants.

Par exception à cette règle, la femme mariée qui veut se faire adopter, rapporte le consentement de son mari (Demolombe, VI, 38).

Si l'adoptant est marié, il faut aussi le consentement de son conjoint (C. N. 344).

Pour faire cet acte qui doit être authentique, on demande :

Les nom, prénoms, profession et domicile de l'adoptant ainsi que de l'adopté et l'âge de ce dernier (C. N. 343 à 360).

Quand l'adopté a plus de vingt-cinq ans, il requiert le conseil de ses père et mère au moyen d'un acte respectueux (Voyez ch. *Des actes respectueux*).

Voir *Formule, ibid.*

Droit fixe de 2 fr. (loi 28 avril 1818, art. 43, n° 7).

SECTION II

CONSENTEMENT A MARIAGE.

D'après l'art. 148 C. N., le fils qui n'a pas vingt-cinq ans accomplis, la fille qui n'a pas vingt-un ans accomplis, sont tenus de rapporter, pour se marier, le consentement de leurs père et mère, ou du survivant d'eux (C. N. 148, 149), ou, à leur défaut, de leurs aïeuls et aïeules (C. N., 150).

Ce consentement sera authentique et doit contenir les noms, prénoms, profession et domicile du futur époux et de tous ceux qui auront concouru à l'acte, ainsi que leur degré de parenté (C. N., 73).

Le nom du futur conjoint doit être indiqué : il ne peut pas être laissé en blanc, et l'on ne pourrait consentir au mariage avec une personne indéterminée.

Il faut donc demander, avec la plus grande exactitude, et, si c'est possible, écrire d'après l'acte de naissance :

Les noms, prénoms, profession et domicile des futurs époux; le degré de parenté de l'un d'eux avec la personne ou les personnes consentantes; dans plusieurs études, on rappelle aussi les noms des parents du conjoint.

Nous avons prescrit le plus grand soin dans l'écriture des noms, parce que nous en avons reconnu l'utilité : une interversion, une simple faute d'orthographe même, est souvent une cause de rejet.

Il faut donc bien rapporter les noms contenus en l'acte de naissance, — ne pas retrancher de prénoms, mais n'en pas ajouter non plus : il est aussi nuisible d'omettre un prénom que d'en indiquer en plus, ce qui arrive fréquemment lorsqu'on a des noms de baptême qui ne sont pas consignés dans l'acte de naissance.

Droit fixe, 2 fr. (loi 28 avril 1816, art. 43, n° 7).

Voir *Formule*, Dict. Not.

SECTION III

CONSENTEMENTS A NOVICIAT ET A ORDINATION.

Tout ecclésiastique qui veut entrer dans les ordres, s'il n'a pas vingt-cinq ans accomplis, doit justifier, comme pour le mariage, du consentement de ses parents (décret 28 fév. 1810).

Le même consentement est exigé des jeunes personnes mineures qui veulent entrer comme novices dans une congrégation religieuse de femmes (Déc. 18 fév. 1809).

Pour faire ces sortes de consentement, on demande les nom, prénoms, âge et domicile de l'ecclésiastique et le titre qu'il doit recevoir;

Aux mêmes indications, on ajoute, pour un consentement à noviciat, le nom du couvent, la ville où il est situé, la qualité que prendra la jeune religieuse, son nom en religion et le temps pour lequel elle fait ses vœux.

Voir *Formule*, Dict. Not.

Droit fixe, 2 fr.

SECTION IV

CONSENTEMENT A ENGAGEMENT MILITAIRE.

Jusqu'à vingt ans (autrefois dix-huit ans, C.N. 374), le Français qui veut s'engager volontairement dans l'armée, doit se munir du consentement de ses parents, ou, à leur défaut, du tuteur autorisé du conseil de famille (loi 21 mars 1832, art. 32, 5o).

Les mêmes renseignements que pour les consentements ci-dessus sont à demander.

Même enregistrement. Voir *Formule*, Dict. Not.

SECTION V

CONSENTEMENT A TUTELLE OFFICIEUSE.

L'individu âgé de cinquante ans au moins, sans postérité, qui voudra s'attacher un mineur de moins de quinze ans, par un titre légal, pourra devenir son tuteur officieux, en obtenant le consentement des père et mère de l'enfant, à leur défaut, du conseil de famille, — et si l'enfant n'a pas de parents, des administrateurs de l'hospice qui l'a recueilli, ou de la municipalité du lieu de sa résidence (C. N., art. 361).

D'un autre côté, celui qui est marié ne peut prétendre à être tuteur officieux sans le consentement de l'autre époux (C. Nap. 362).

Cet acte se fait au moyen :

Des prénoms, nom, profession, âge et domicile de celui qui veut devenir tuteur, — du mineur que l'on désire s'attacher — et des parents de ce dernier.

Puis le consentant s'oblige à remettre entre les mains du tuteur l'administration de la personne et des biens de l'enfant.

Voir *Formule, ibid.*

Enregistrement, droit fixe, 2 fr.

Consentement à exécution de testament. — Voir *Délivrance de legs*.

Consentement à antériorité. — Voir *Cession d'antériorité*.

Consentement d'hypothèque. — Voir *Obligation*.

CHAPITRE VI

Des certificats de propriété.

Ces certificats constatent qu'une ou plusieurs personnes ont la propriété ou l'usufruit d'une rente sur l'État, d'une pension viagère ou autre valeur.

Ces certificats ne sont pas assujettis aux formalités prescrites par la loi du 25 ventôse an XI pour les actes notariés, — ainsi les intéressés ne les signent pas et un seul notaire, sans témoin ni notaire en second, suffit pour les délivrer.

Mais le notaire certificateur est responsable des faits qu'il énonce.

Le certificat doit contenir :

§ 1. — Pour une rente perpétuelle sur l'État.

L'immatricule de la rente, sa nature, le numéro, la série de l'inscription au grand livre, la somme de rente annuelle, et les noms portés sur le titre,

Les noms et demeure du notaire certificateur,

La date du décès du titulaire de la rente,

L'énoncé de l'acte de ce décès.

L'analyse de l'acte de notoriété ou d'inventaire fait après le décès, leur date,

Les noms, prénoms et domicile des nouveaux propriétaires ou ayants droit.

S'il y a un acte de partage ou liquidation, il faut énoncer les dispositions relatives à la rente.

On analyse aussi les cessions et transports qui ont pu être faits et amener une modification dans la propriété de la rente.

Tous les actes relatés doivent être en la possession du notaire certificateur, ou au moins une expédition doit en être déposée au rang de ses minutes.

Si le défunt a laissé une veuve, commune ou non, énoncer le contrat de mariage, et mentionner son droit de propriété, s'il y a lieu.

On énonce aussi les actes de donation et testament, — et, selon les circonstances, l'absence d'héritiers réservataires, l'envoi en possession, l'exécution du testament ou la délivrance des legs.

Tous ces divers actes visés et énoncés, le notaire n'a plus qu'à indiquer la portion revenant à chaque ayant droit, — à quel titre il en est propriétaire, l'époque de l'entrée en jouissance ou celle à compte de laquelle chacun a droit aux arrérages de la rente

Les noms contenus dans le certificat de propriét doivent être écrits et vérifiés avec le plus grand soin une seule erreur suffirait pour faire rejeter le certifica l'erreur ne porterait-elle que sur une lettre.

Quand l'erreur existe dans les titres ou l'un d titres visés, on la rectifie au moyen d'un acte notoriété auquel est annexé l'acte de naissance l'individu dont le nom ou les prénoms ont été m écrits. Cet acte de notoriété est également visé par notaire.

Si parmi les ayants droit se trouvent des tute naturels ou judiciaires, on les dénomme; on indiq aussi les noms, qualités et résidences des mineurs interdits qu'ils représentent. (Décret 18 septem 1806.)

Le notaire doit mentionner les causes d'incapacité des ayants droit, la minorité, l'interdiction, le régime dotal adopté par une femme, en un mot toutes les charges pouvant affecter la rente ou empêcher son titulaire de l'aliéner; sans cela, le notaire serait responsable de l'aliénation qu'on pourrait faire un incapable. (Cass. 8 août 1827 ; Bordeaux, 6 mars 1844.)

Pour se décharger, le notaire fait bien d'exiger une réquisition de certificat de propriété qu'il relate dans les pièces, — ou bien cette réquisition est faite à la fin du certificat par les intéressés, qui interviennent et signent.

Voir *Formule*, Dict. Not,

§ 2. — Pour rentes viagères.

Les mêmes énonciations que pour les rentes perpétuelles, c'est-à-dire que le but est, après le visa des actes translatifs de propriété, de constater les noms, prénoms et domicile de chacun des héritiers, la portion à laquelle chacun d'eux a droit, enfin qu'ils ont seuls droit de toucher et recevoir les arrérages qui peuvent être dus et échus jusqu'au jour du décès du pensionnaire ou rentier.

On joint au certificat de propriété :

1° La copie de l'acte de décès sur timbre, légalisée et notifiée à la direction des pensions, dans les 10 mois du décès, sous peine de déchéance;

2° Et le certificat d'inscription.

Le droit d'enregistrement est de 2 francs. (Loi du 18 mai 1850, art. 8.)

Voir *Formule, ibid.*

CHAPITRE VII

Des billets à ordre et des lettres de change.

Les billets et lettres de change ne sont faits généralement devant notaire que lorsque les parties ne savent pas signer ou ne peuvent écrire l'approbation de la somme en toutes lettres.

Ces actes sont écrits sur timbre proportionnel. (Loi du 13 brumaire an VII, art. 14.)

§ 1. — Billets à ordre.

Le débiteur comparaît et s'oblige au payement de la dette, au créancier ou à son ordre, le jour fixé.

On indique :

Les noms, qualités et demeure du créancier,

La date de l'échéance,

Le montant de la somme due,

La valeur fournie en espèces, en marchandises, en compte ou de toute autre manière. (C. comm. 188.)

Puis on fait la clôture comme aux actes ordinaires.

L'enregistrement est de 50 cent. p. 100 (Loi 22 frimaire an VII, art. 69, § 2, n° 6.)

Voir *Formule*, Dict. Not.

§ 2. — Lettres de change.

Outre les énonciations ci-dessus, la lettre de change doit être tirée d'un lieu à un autre ; elle peut être à l'ordre du tireur ou même d'un tiers. (C. com. 110.)

Le tireur comparaît, déclare qu'il a promis de souscrire une lettre de change à son créancier, mais que ne pouvant remplir les formalités exigées par la loi, puisqu'il ne sait pas signer, il requiert le notaire de constater la souscription de la lettre de change qu'il entend faire.

On énonce ensuite :

Le lieu et la date de la lettre de change,

La date du payement,

Les noms, qualités et demeure de celui au profit de qui la lettre est faite,

La somme due,

La valeur reçue, espèces, marchandises, etc.,

Le lieu où le payement doit être effectué.

Les noms, qualités et demeure du débiteur.

La lettre de change terminée, le comparant déclare qu'il entend lui faire produire le même effet que si elle était souscrite d'après l'usage commercial.

Il est perçu pour les lettres de change 25 cent. p. 100 fr. (Loi 28 avril 1816, art. 50.)

Voir *Formule*, Dict. Not.

§ 3. — Acceptation.

Le débiteur comparaît, dit qu'il ne sait signer, mais qu'il accepte la lettre tirée sur lui et dont on copie la teneur.

Puis il déclare que pour suppléer à la forme commerciale, il s'engage à la payer à son échéance.

L'acceptation ne donne lieu a aucun droit proportionnel, elle est seulement passible d'un droit fixe de 2 fr. (Loi 18 mai 1850, art. 8.)

Voir *Formule*, *ibid*.

§ 4. — Aval en garantie.

Le garant comparaît, déclare que, bien que ne sachant signer, il veut néanmoins donner son aval de garantie à la lettre de change que l'on copie textuellement.

Après quoi, le comparant déclare garantir la lettre de change et s'obliger à la payer dans le cas où le débiteur ne le ferait pas.

L'aval contenu dans la lettre de change ne donne ouverture à aucun droit, mais fait par acte séparé, il est assujetti au droit fixe de 2 fr. (Délib. 20 mars 1835.)

Voir *Formule*, Dict. Not.

§ 5. — Endossement.

Le créancier est comparant, il avoue ne pas savoir écrire et exprime son intention de passer à l'ordre d'un tiers un billet souscrit à son profit.

L'acte d'endossement énonce :

Le montant du billet,

Les noms et demeure du débiteur,

La date de l'échéance et celle de la souscription du billet.

Le lieu du payement,

Les noms, qualités et demeure de celui en faveur duquel l'endos est fait,

La valeur reçue comptant,

Le lieu et la date de l'endos,

Puis l'endosseur s'oblige comme si l'endos avait été fait dans la forme ordinaire.

Les endos ne donnent pas lieu à enregistrement. (Loi 22 frimaire, an VII, art. 70, § 3, n° 15.)

Voir *Formule*, *ibid*.

CHAPITRE VIII

Des protêts.

On distingue deux sortes de protêts, le protêt faute de payement concernant les billets à ordre et lettres de change, — et le protêt faute d'acceptation qui ne s'applique qu'aux lettres de change.

Ces actes sont plutôt du ministère des huissiers : il est bien rare qu'un protêt soit fait par un notaire; mais comme cela peut néanmoins arriver, nous allons indiquer ce qu'il doit contenir.

Les protêts notariés sont enregistrés dans les quatre jours, au droit de 1 fr. (Délib. 2 juillet 1850.)

Les notaires sont tenus de laisser copie entière du protêt, et ce, sous peine de destitution et d'être condamnés à tous dommages-intérêts envers les parties. (C. com. art. 176.)

Les protêts ne peuvent être faits les dimanches et jours fériés, ceux qui tomberaient un jour de fête seraient remis au lendemain.

Le protêt doit être fait le lendemain du jour de l'échéance. (C. com. 162.).

§ 1. — Défaut de payement.

Le porteur du billet ou de la lettre de change comparaît, et l'on énonce :

Ses noms, qualités et domicile,

L'élection spéciale de domicile qu'il fait,

Le transport du comparant et des notaires au lieu où le payement devait être effectué,

Les noms, qualités et demeure du débiteur,

L'indication de la personne à qui l'on a parlé,

La présentation du billet au débiteur,

La copie littérale du billet ou de la lettre de change et des endossements,

L'interpellation faite par le porteur du billet au débiteur de lui payer le montant de ce billet,

La réponse du débiteur ou de celui qui le représente : cette réponse doit contenir les motifs du refus de payement,

La signature du débiteur, son impuissance ou son refus de signer.

La sommation de payer et le refus de payement doivent être constatés à peine de nullité. (C. com. 174.)

En conséquence du refus, le porteur proteste du renvoi de l'effet aux garants et de son retour contre tous endosseurs, fait réserve de ses droits pour les exercer contre qui il appartiendra.

On constate enfin la remise de la copie en parlant à la même personne que dans le protêt et l'on termine en indiquant le coût de l'acte.

Voir *Formule*, Dict. Not.

§ 2. — Protêt faute d'acceptation.

Ce protêt est fait aussi à la requête du porteur, et énonce :

Les noms, qualités et domicile du porteur,

L'élection de domicile faite par lui,

Le transport en la demeure du débiteur,

Les noms, qualités et demeure de ce dernier,

Les noms de la personne à qui l'on a parlé,

La présentation de la lettre de change,

La teneur littérale de la lettre et des endossements, besoins et recommandations,

La sommation faite par le porteur au débiteur d'accepter la lettre de change pour la payer à son échéance.

La réponse et les protestations faites par celui qui devait payer et son refus d'accepter,

La signature ou le refus de signer,

La déclaration que, regardant la réponse de celui qui doit accepter, ou son absence comme un refus formel, on proteste du pourvoi contre qui il appartiendra tant pour le change et rechange que pour tous frais, dépens et dommages-intérêts,

La remise de la copie,

Et le coût.

Voir *Formule*, Dict. Not.

CHAPITRE IX

Des congés de locations.

Un congé est la notification, faite par le bailleur ou le locataire, qu'il entend cesser la location à une époque déterminée.

Le congé se fait en général par huissier et le délai dans lequel il doit être donné se détermine par l'usage des lieux, à moins d'une clause spéciale du bail.

Il n'est pas besoin, pour le congé, d'avoir la capacité d'aliéner, ce n'est qu'un acte de simple administration.

Lorsqu'il est donné par acte notarié, il doit être accepté.

Cet acte doit contenir les énonciations suivantes :

Les noms, qualités et demeure du bailleur et du preneur,

La désignation sommaire des lieux ou biens loués,

Le temps de la location stipulé par le bail,

La date du commencement du bail et celle de l'expiration,

La date du bail et le nom du notaire qui l'a reçu; —si c'est un bail sous seings privés, il faut rapporter, avec la date, la mention générale de l'enregistrement,

La condition par laquelle les parties ou l'une d'elles ont stipulé la faculté de donner congé, si cette faculté est exprimée.

Si le bail est verbal, le congé est donné dans les délais fixés par la coutume locale.

Ces énonciations faites, l'une des parties déclare donner congé à l'autre qui l'accepte.

On indique ici l'époque pour laquelle le congé est donné.

Les parties conviennent alors :

De faire cesser le bail à cette époque,

De ne pouvoir réclamer ni l'une ni l'autre aucune indemnité.

Enfin le locataire s'oblige à rendre les lieux dans l'état où il les a pris, — ou bien le propriétaire consent à conserver les améliorations faites par le locataire avec ou sans indemnité; lorsqu'il y a une indemnité, on en indique le chiffre.

Le locataire doit encore s'obliger à faire les réparations locatives à sa charge, et à justifier de l'acquit des contributions personnelles et mobilières pour l'année entière et des portes et fenêtres seulement jusqu'au jour où finit sa jouissance.

Le congé est rangé au nombre des actes innomés soumis au droit de 2 fr. (L. 18 mai 1850, art. 8.)

Cependant si le bail était écrit et que le congé fût donné avant l'époque fixée pour l'expiration et autrement qu'en vertu d'une clause réservant ce droit, le droit de rétrocession serait dû.

Voir *Formule*, Dict. Not.

CHAPITRE X

Des ratifications.

Il y a lieu à ratification dans deux cas :

Lorsqu'un acte a été fait en l'absence d'une des parties, mais en son nom et sans qu'elle ait donné pouvoir de le faire ;

Et lorsqu'un acte, quoique fait avec le concours de toutes les parties, se trouve entaché d'irrégularités ou de vices qui le rendraient nul ou au moins attaquable.

Cette dernière espèce est prévue par l'art. 1338 du Code Napoléon, qui l'appelle aussi acte de confirmation et le déclare valable si l'on y trouve la substance de l'acte confirmé, la mention du motif de l'action en nullité et l'intention de réparer le vice sur lequel cette action est fondée.

Toutes ces énonciations ne sont pas indispensables pour la première espèce.

On peut en général ratifier toutes sortes d'actes, sauf de rares exceptions.

On demande des ratifications :

A un mineur devenu majeur,

A tout individu dont on s'est porté fort,

A celui au nom duquel on a agi en vertu de pouvoirs insuffisants,

A une femme, d'un acte fait par son mari avant le mariage,

A une femme qui a agi sans autorisation de son mari,

A une femme, d'une vente faite par son mari, à l'effet de se désister de son hypothèque légale sur les biens vendus.

Ces ratifications peuvent être écrites, sans contravention, à la suite des actes et sur la même feuille de papier timbré. (L. 13 brum. an VII, 23.)

Nous allons donner brièvement le cadre de ces ratifications.

Art. 1. — Par un mineur devenu majeur.

Il est utile de connaître l'âge du mineur comparant.

On lui donne lecture de l'acte qu'il doit ratifier; on mentionne cette lecture, ainsi que la date de l'acte, sa nature, les noms des parties et les principales dispositions, sans oublier d'énoncer de quelle manière ou en quelle qualité on a agi au nom du mineur. Puis ce dernier déclare approuver l'acte et en consentir l'entière exécution.

Souvent le mineur reçoit une somme qui avait été stipulée payable lors de la ratification, alors il en donne quittance par le même acte.

Voir *Formule*, Dict. Not.

Art. 2. — Par celui dont on s'est porté fort.

Comme dans l'espèce précédente, on énonce la date de l'acte, les noms des parties et notamment de celle qui s'est portée fort de la personne ratifiante; on fait ensuite un résumé exact des principales dispositions de l'acte, concernant le comparant, lequel approuve le tout et en consent mention.

Voir *Formule, ibid.*

Art. 3. — Par un mandant qui a donné des pouvoirs insuffisants.

Aux énonciations qui précèdent, on ajoute le nom

du mandataire, la date de la procuration, ainsi que son objet, pour bien faire ressortir l'insuffisance des pouvoirs y contenus.

Voir *Formule*, Dict. Not.

Art. 4. — Par une femme d'un engagement contracté par son mari avant le mariage.

La femme, dans ce cas, comme toujours, doit être autorisée et assistée de son mari.

On lui lit l'acte contenant l'engagement contracté par son mari avant son mariage, et on constate : la date de l'engagement, les noms des personnes envers qui le mari s'est engagé et la somme qui leur est due.

Il faut indiquer, s'il y a lieu, la promesse faite par le débiteur de rapporter l'obligation solidaire de sa femme, pour le cas où il se marierait.

Après quoi, cette dame donne son entière adhésion à l'acte dont s'agit, l'approuve, et déclare s'obliger, solidairement avec son mari, au payement de la somme due par ce dernier ainsi qu'à l'exécution des charges et conditions.

Voir *Formule, ibid.*

Art. 5. — Par une femme qui a agi sans autorisation.

Il est bon d'indiquer le régime sous lequel est mariée la ratifiante qui, ici encore, est assistée et autorisée de son mari.

La lecture et la constatation ont lieu de la manière que nous venons d'indiquer ci-dessus; seulement, comme on rentre ici dans le cas de l'art. 1338, 1er alinéa, du Code Napoléon, il est nécessaire de faire déclarer par la femme qu'elle entend réparer le vice dont cet acte est entaché en raison de ce qu'elle l'avait consenti sans l'autorisation de son mari.

Elle en approuve de nouveau les stipulations, mais cette fois avec l'autorisation de son mari, et renouvelle, en tant que de besoin, les divers engagements pris par elle.

Voir *Formule*, Dict. Not.

Art. 6. — Par une femme, d'une vente faite par son mari.

L'autorisation du mari, toujours indispensable,

La date de la vente, le nom des parties, la brève désignation des biens, le montant du prix, le mode et les époques de payement : telles sont les principales énonciations à faire dans cette espèce.

On termine par l'approbation complète du contrat et la déclaration par la femme qu'elle s'oblige solidairement avec son mari, à toutes garanties, au moyen de quoi elle ne pourra exercer son hypothèque légale, soit sur les biens vendus, soit sur le prix de la vente.

Voir *Formule*, *ibid.*

L'enregistrement perçoit 2 fr. de droit fixe. (Loi du 18 mai 1850, art. 8.)

Il n'est dû qu'un droit quand plusieurs personnes ayant un intérêt commun ratifient le même acte ; — il devrait en être de même lorsqu'on ratifie en même temps plusieurs actes, mais la Cour suprême a jugé le contraire par arrêt du 20 fév. 1839.

TITRE QUATRIÈME

ACTES SIMPLES.

CHAPITRE PREMIER

Des mainlevées.

Il y a plusieurs sortes de mainlevées, savoir :
1° Mainlevée d'inscription hypothécaire,
2° Mainlevée d'opposition ou de saisie,
3° Mainlevée d'opposition à mariage,
4° Mainlevée d'écrou.

SECTION PREMIÈRE

DES MAINLEVÉES D'INSCRIPTION.

Ces mainlevées ont pour effet d'annihiler l'inscription ou de la restreindre, selon qu'elles sont définitives ou partielles.

Nous devons nous borner ici aux mainlevées pures et simples, sans payement, nous réservant de parler des autres sous le chapitre des quittances.

Les personnes capables d'aliéner ont seules le pouvoir de donner mainlevée (C. N. 2157), les autres ne le peuvent qu'avec les autorisations qui leur sont nécessaires pour aliener.

§ 1er. — Mainlevée définitive.

La mainlevée définitive peut être donnée lorsqu'on

connaît le bureau des hypothèques, le volume et le numéro de l'inscription, les noms, prénoms, et domicile du ou des débiteurs.

Puis le créancier se désiste de ses droits hypothécaires et décharge le conservateur.

Si deux époux sont appelés à donner mainlevée, il sera bon d'ajouter la date de leur contrat de mariage et le régime qu'ils ont adopté, en déclarant, s'il y a lieu, que ce contrat ne contient aucune clause interdisant à l'épouse la libre disposition de toutes les créances pouvant lui appartenir.

Cette mention évite de représenter le contrat de mariage au conservateur.

Voir *Formule*, Dict. Not.

§ 2. — Mainlevée partielle.

Les mêmes renseignements que pour la mainlevée définitive, — et de plus la désignation des biens que l'on veut dégrever, en déclarant que le créancier se réserve l'effet de l'inscription sur les autres biens.

S'il y a eu subrogation, on en indique la date, le nom du créancier primitif, et le titre en vertu duquel la subrogation a eu lieu.

Les qualités devront toujours, pour les mainlevées, être très-régulièrement établies.

Voir *Formule*, *ibid.*

SECTION II

DES MAINLEVÉES DE TRANSCRIPTION DE SAISIE.

Tant que les notifications faites au saisi et aux créanciers inscrits, conformément aux art. 691 et 692 du

Code Nap., n'ont pas été mentionnées en marge de la transcription, la saisie immobilière sera radiée sur la mainlevée authentique du saisissant.

Mais dès le jour de la mention, la radiation n'est opérée qu'avec le consentement des créanciers inscrits ou en vertu de jugements rendus contre eux. (C. proc. 693.)

Les noms du saisissant et du saisi,

La date du procès-verbal de saisie et la situation des biens,

La date de la transcription de la saisie au bureau des hypothèques et au greffe,

La date de la dénonciation de la saisie,

La date, le volume et le numéro de l'inscription prise en vertu de la dénonciation :

Tels sont les renseignements à l'aide desquels la mainlevée sera redigée.

Voir *Formule*, Dict. Not.

SECTION III

MAINLEVÉE DE SAISIE-EXÉCUTION OU D'OPPOSITION.

Ces mainlevées peuvent être sous seings privés et sont souvent données au dos de l'opposition.

Celles qui sont notariées sont délivrées en brevet.

Elles énoncent :

Les noms de l'opposant, — de l'opposé, — et de celui dans les mains duquel l'opposition est formée ;

La date de l'opposition et le nom de l'huissier ; si l'opposition a été formée à une caisse publique, il est bon d'indiquer la date du visa et le numéro.

Les saisies exécutions sont soumises aux mêmes règles que les oppositions.

Elles contiennent :

Les noms du saisissant et du saisi,

La date du procès-verbal de saisie,

La rue et le numéro du domicile où l'exécution a eu lieu.

Voir *Formule*, Dict. Not.

SECTION IV

MAINLEVÉE D'OPPOSITION A MARIAGE ET A PARTAGE.

Les mainlevées d'opposition à mariage et à partage doivent être en minute, aux termes de l'art. 67 du Code Nap.

Nous allons parler de ces deux cas sous les paragraphes suivants :

§ 1er. — Mainlevée d'opposition à mariage.

Cette mainlevée renferme :

La date de l'opposition et le nom du notaire ou de l'huissier qui l'a formée,

Les noms et prénoms de ceux qui veulent s'unir en mariage.

Une mainlevée semblable ne peut être donnée que par l'opposant lui-même ou son fondé de procuration spéciale et authentique. (C. Nap. art. 66.)

Voir *Formule*, *ibid.*

§ 2. — Mainlevée d'opposition à partage.

Bien que cette mainlevée soit habituellement en minute, nous ne voyons pas d'inconvénient à ce qu'elle fût en brevet, — on l'annexerait alors à l'acte partage.

Elle est donnée par le créancier opposant qui indique ses nom, prénoms, domicile et profession,

La date de son exploit d'opposition à partage et de l'huissier qui l'a formé,

Les noms et prénoms du débiteur, de celui entre les mains duquel est déposée l'opposition,

Et les noms de la personne décédée, au partage de la succession de laquelle on s'était opposé.

Si cet exploit a été signifié aux cohéritiers du débiteur, il serait bon d'énoncer la date de ces significations.

Voir *Formule*, Dict. Not.

SECTION V

MAINLEVÉE D'ÉCROU.

Cette mainlevée a pour but d'élargir un individu emprisonné pour dettes.

Elle est donnée, dit l'art. 800 du Code de procéd., par le créancier auteur de l'incarcération et par les recommandants, s'il y en a.

Elle est faite aussi bien sur le registre d'écrou que devant notaire (C. pr. 801.); il suit de là qu'elle peut être délivrée en brevet.

On déclare : les nom, prénoms, et domicile du débiteur incarcéré,

La prison où il est détenu,

Le jour de son incarcération.

On consent ensuite la nullité de l'écrou, et la décharge de tout geôlier.

Voir *Formule, ibid.*

Droit fixe de 2 francs (décision minist. finance 17 août 1816).

CHAPITRE II

Des désistements.

Le désistement est l'abandon ou la renonciation faite

volontairement d'une demande, d'une action ou d'un droit quelconque.

Il faut en général, pour se désister, avoir la libre disposition de ses droits.

On peut se désister :

1° D'un appel,

2° D'une instance,

3° D'une plainte,

4° D'une demande intentée,

5° D'un droit d'hypothèque,

6° D'un privilége,

7° D'une opposition à un jugement par défaut,

8° De poursuites commencées,

9° D'une signification de transport,

10° D'une surenchère,

11° D'une acquisition,

12° D'un héritage.

Les désistements sont soumis au droit fixe de 2 fr. (Loi 28 avril 1816. art. 43, n° 12.)

Cependant le désistement d'acquisition donne lieu au droit proportionnel de vente, parce qu'il y a mutation de propriété.

§ 1. — Désistement d'appel.

Ce désistement n'a pas besoin d'être accepté, il équivaut à un acquiescement et rend le jugement définitif.

Le désistant donne la date de l'exploit par lequel il a interjeté appel, et le nom de l'huissier qui l'a signifié, — ainsi que la date du jugement d'instance rendu contre lui, le siége du tribunal et le nom de l'intimé.

Voir *Formule*, Dict. Not.

§ 2. — Désistement d'instance.

On appelle ainsi toute renonciation à une procédure entamée.

Ce désistement doit être accepté ou signifié.

D'après l'art. 403 du C., procéd., un semblable désistement entraîne la soumission de payer les frais.

Le comparant déclare :

Le nom de son adversaire,

Le tribunal où l'instance est pendante,

La date de l'exploit introductif d'instance et le nom de l'huissier qui l'a signifié,

Et sommairement l'objet de la demande.

S'il y a acceplation, la partie adverse intervient et déclare accepter purement et simplement le désistement dont s'agit.

§ 3. — Désistement de plainte.

Ce désistement n'a d'effet que pour l'action privée et les dommages-intérêts, il n'empêche pas l'action du ministère public.

On énonce, sur la déclaration du comparant :

Les noms de celui contre qui il avait formé la plainte,

Le nom de la prison où celui-ci est détenu,

Le siége du tribunal ou de la Cour d'assises où l'affaire doit être jugée.

Voir *Formule*, Dict. Not.

§ 4. — Désistement d'hypothèque et de privilége.

Ce désistement n'est autre chose qu'une mainlevée. Voir en conséquence chap. I, *suprà*.

§ 5. — Désistement d'opposition à un jugement par défaut.

Il faut demander :

La date de l'opposition et le nom de l'huissier,

La date du jugement par défaut et le tribunal qui l'a rendu,

Les noms de la partie adverse,

Et le montant de la condamnation prononcée contre le désistant.

Voir *Formule*, Dict. Not.

§ 6. — Désistement de poursuites et de saisie immobilière.

Voir le ch. I *suprà*, sect. III, des mainlevées d'opposition et de saisie-exécution.

§ 7. — Désistement de signification de transport.

Un tel désistement n'emporte pas la perte de l'action résultant du transport lui-même, ce n'est donc pas une rétrocession.

Le comparant fournit :

La date de la signification et le nom de l'huissier,

Les noms de celui à qui la signification a été faite,

La date du transport et le nom du notaire qui l'a reçu,

La somme transportée,

Les noms du cédant.

Après le consentement à ce que la signification soit considérée comme nulle, il y a lieu quelquefois d'ajouter que le désistant se réserve expressément tous les autres droits et actions attachés à la créance dont s'agit.

Voir *Formule, ibid.*

§ 8. — Désistement de surenchère.

Le désistement de surenchère n'est pas donné en cas de saisie immobilière. (C. proc. 709.)

L'art. 2190 du C. Nap. le permet pour les ventes volontaires, mais s'il y a d'autres créanciers hypothécaires, le désistement n'empêche pas ces derniers de requérir l'adjudication publique.

Il faut savoir :

La date de l'exploit formant surenchère, et le nom de l'huissier,

L'indication et la situation des biens surenchéris,

Les noms des vendeurs,

Les noms de l'acquéreur,

La date du contrat de vente ou du procès-verbal d'adjudication,

Le nom du notaire qui l'a reçu ou du tribunal où l'adjudication a eu lieu,

Le prix principal de l'adjudication,

Le comparant consent l'annulation de la surenchère qu'il a formée et, si les délais ne sont pas expirés, il renonce à former une nouvelle surenchère.

Voir *Formule*, Dict. Not.

§ 9. — Désistement d'une acquisition.

Tout acquéreur a le droit de se désister de son acquisition, lorsque, par exemple, il serait obligé de payer n supplément de prix, l'immeuble ayant une contenance plus grande que celle énoncée au contrat. (Code ap. 1618.)

Ce désistement ne se fait qu'avec le consentement u vendeur.

On fait comparaître :

L'acquéreur, d'une part,

Le vendeur, d'autre part.

Ils exposent l'acquisition dont le désistement va être donné. Cet exposé contient :

La date du contrat et le nom du notaire qui l'a reçu,

La désignation de l'immeuble vendu,

La contenance indiquée au contrat et celle réelle,

Le prix de la vente.

L'acquéreur se désiste de la vente pour ne pas payer le supplément de prix ; le vendeur accepte ce désistement et rembourse ou s'oblige à rembourser le prix ou la portion du prix payé, et les frais et loyaux coûts du contrat dont on énonce le montant.

Voir *Formule*, Dict. Not.

10. — Désistement d'héritage.

On appelle désistement d'héritage l'acte par lequel le détenteur d'un immeuble consent à délaisser la propriété en faveur de celui qui la revendique à titre d propriétaire.

Cet acte qui, de même que le désistement d'acquition, est une espèce de rétrocession opérant mutation donne lieu au droit proportionnel, s'il est accepté; si, au contraire, l'acceptation n'y est pas contenue, n'est dû que le droit fixe d'enregistrement de 2 francs

Le désistant seul comparaît à cet acte et fait un exposé résumant sa position ; cet exposé relate :

La date du contrat d'acquisition et le nom du notaire détenteur de la minute,

Les noms du ou des vendeurs,

La désignation des biens acquis,

Le temps pendant lequel il en a joui sans trouble,

Les noms du revendicateur,

La date de l'exploit contenant demande en revendication et le nom de l'huissier qui l'a rédigé,

Le siége du tribunal où la demande doit être portée,

La désignation des titres par lesquels la demande est justifiée; — à ces titres se joint au besoin le bail fait par le revendicateur.

Le comparant reconnaît alors la justice de la demande et se désiste purement et simplement au profit du demandeur de l'immeuble que l'on désigne assez amplement ici.

Puis on fait intervenir le demandeur qui reconnaît la bonne foi du désistant, et le tient quitte de toutes réclamations relativement aux fruits de l'immeuble échus jusqu'au jour de l'acte.

Le désistant fait ensuite toutes réserves de son action en garantie contre son vendeur à raison du prix payé à ce dernier et de tous dommages et intérêts.

Voir *Formule*, Dict. Not.

CHAPITRE III

Des renonciations.

On peut renoncer à une succession, à une communauté, à un legs, à une donation, à un bénéfice d'inventaire, etc.

Les renonciations à succession et à communauté sont faites au greffe du tribunal, nous n'avons donc pas à en parler ici.

Ces actes, lorsqu'ils n'opèrent pas transmission de propriété, sont soumis au droit fixe de 2 fr.

§ 1. — Renonciation à bénéfice d'inventaire.

On fait rarement d'acte de renonciation à bénéfice d'inventaire; le plus ordinairement cette renonciation résulte d'un acte entraînant la déchéance du bénéfice d'inventaire.

La loi permet à l'héritier bénéficiaire de renoncer expressément, c'est-à-dire par acte authentique; cette renonciation a pour but d'empêcher les créanciers d'attaquer, pour défaut de pouvoir, les actes de propriétaire faits par l'héritier bénéficiaire.

Le renonçant déclare :

Les noms de la personne dont il est héritier et sa part dans la succession,

La date de l'inventaire et le nom du notaire qui l'a dressé,

La date de la déclaration d'acceptation bénéficiaire et le greffe où cette déclaration a été faite,

Enfin qu'il entend être réputé à l'avenir héritier pur et simple.

On comprend que, pour faire un acte semblable, il faut avoir une capacité suffisante, que n'auraient point les mineurs, interdits, tuteurs, etc.

Voir *Formule*, Dict. Not.

§ 2. — Renonciation à donation.

On peut renoncer à toute donation non acceptée, mais seulement à l'ouverture du droit de donation, c'est-à-dire après le décès.

Il n'est plus possible de renoncer à une succession entre-vifs que l'on a régulièrement acceptée, parc qu'il y a déssaisissement.

Cependant celles entre époux, faites pendant le mariage, quoique acceptées, sont susceptibles de renonciation, puisqu'elles n'ont pour objet que des biens à venir, ne confèrent que des droits éventuels.

Si la renonciation est conditionnelle, on exprime cette condition, et alors les héritiers doivent intervenir à l'acte et accepter cette condition.

L'acceptation est inutile si la renonciation n'est pas conditionnelle.

Une renonciation de donation peut être faite aussi bien devant notaire qu'au greffe du tribunal.

Pour qu'elle soit valable, il suffit d'avoir la capacité d'aliéner.

On rapporte :

La date de la donation et la mention d'enregistrement, si cette formalité n'a eu lieu qu'au décès,

Ou la date du contrat de mariage, si la libéralité y est contenue,

Dans l'un ou l'autre cas le nom du notaire détenteur de la minute,

La quotité de la donation que le comparant déclare vouloir être considérée comme nulle et non avenue.

Voir *Formule*, Dict. Not.

§ 3. — Renonciation à un legs.

On peut toujours renoncer à un legs tant qu'on ne l'a pas accepté expressément ou tacitement.

Il faut la même capacité que pour renoncer à une donation.

Le renonçant indique :

Les noms du testateur,

La date et le lieu de son décès,

La date et l'espèce du testament, olographe, mystique ou authentique, et dans ce dernier cas le nom du notaire rédacteur,

L'importance et la quotité du legs.

Voir *Formule*, Dict. Not.

HAPITRE IV

Des déclarations.

Les déclarations sont des actes par lesquels on manifeste sa volonté, ou l'on révèle un fait ou une convention.

Les espèces de déclarations sont tellement multipliées qu'il nous est impossible même de les indiquer ici. Du reste, ces actes consistant tout simplement à exprimer un vœu, ou relater un fait, sont bien faciles à rédiger : le notaire n'a qu'à indiquer clairement la déclaration qui lui est faite.

Nous nous bornerons à parler des déclarations que les notaires sont appelés fréquemment à constater, savoir :

Les déclarations de command,
— de propriété de meubles,
— de privilége de second ordre.

Quant aux déclarations d'hypothèques, d'origine de deniers, d'emploi, qui sont contenues dans les divers actes et contrats, nous renvoyons aux chapitres concernant les quittances, les obligations et les ventes. Les déclarations de succession ne seront pas séparées des inventaires.

SECTION PREMIÈRE

DÉCLARATION DE COMMAND.

Cette déclaration a pour objet d'indiquer la personne pour laquelle avait acquis celui qui, au lieu de nommer d'abord son commettant, s'était réservé le droit de le choisir. (Toullier, VIII, 170.)

La déclaration du command est généralement mise à la suite du procès-verbal d'adjudication.

Pour que cette déclaration soit valable, c'est-à-dire qu'elle n'engendre pas un nouveau genre de mutation, il faut :

1° Que dans le contrat de vente ou dans le procès-verbal d'adjudication la réserve de command soit exprimée,

2° Que la déclaration soit faite par acte authentique,

3° Qu'elle soit gratuite,

4° Enfin qu'elle soit présentée à l'enregistrement dans les vingt-quatre heures du contrat ou de l'adjudication.

Les déclarations renfermant toutes ces conditions ne sont passibles que du droit fixe d'enregistrement de 3 francs. (Loi 28 avril 1816, art. 44, n° 3.)

L'acquéreur comparaît et expose l'acquisition qu'il a faite, il énonce :

Les biens qu'il a achetés et leur situation,

Les noms de ses vendeurs,

La date du contrat ou du procès-verbal,

Le prix, avec l'indication de ce qui a été payé et de ce qui reste dû,

L'époque de payement et le taux de l'intérêt,

La date de l'entrée en jouissance,

Les noms du commettant.

On fait ensuite intervenir le commettant pour accepter la vente ou le procès-verbal dont on lui donne lecture, et il s'oblige à en exécuter les conditions, — élection de domicile.

Voir *Formule*, Dict. Not.

SECTION II

DÉCLARATION DE PRIVILÉGE DE SECOND ORDRE.

Ces déclarations sont régies par la loi du 25 niv. an XII, et par le décret du 22 déc. 1812.

Elles ont pour but de faire acquérir le privilége de second ordre aux bailleurs de fonds des titulaires de cautionnement; elles sont reçues par un notaire et légalisées.

Selon la formule donnée par le décret du 22 décembre 1812, ces déclarations doivent contenir :

Les noms, qualités et demeure du déclarant,

Le montant du cautionnement qu'il a versé comme titulaire,

La caisse où le versement a été effectué,

Les noms, qualités et demeures de celui ou de ceux qui ont fourni les fonds,

S'ils sont plusieurs, on indique la quotité versée par chacun; si le titulaire en a fourni une partie de ses propres deniers, il faut énoncer cette portion.

Le déclarant consent ensuite l'inscription sur les registres de la caisse, afin que le ou les bailleurs de fonds acquièrent le privilége de second ordre conformément aux lois et décrets susénoncés.

Quand le versement a été fait depuis plus de huit jours, on fait représenter un certificat du greffier du tribunal civil du domicile du déclarant, dont on rapporte l'origine et la date, et qui constate qu'il n'existe aucune opposition sur le cautionnement.

Ce certificat analysé, est rendu.

Ces déclarations sont soumises au droit fixe d'enregistrement de 2 fr. (Loi 18 mai 1850, art. 8.)

SECTION III

DÉCLARATION DE PROPRIÉTÉ DE MEUBLES.

Toute personne possédant des effets appartenant à une autre personne fait une semblable déclaration dans le but de constater l'existence de ces effets et d'en reconnaître la propriété du possesseur.

Pour faire cet acte, il suffit de décrire tous les meubles qui font l'objet de la déclaration, ou si la description en est trop longue, il vaut mieux faire un état descriptif séparé que l'on annexe dans ce cas à la déclaration.

Le dépositaire reconnaît que ces meubles et effets décrits, bien qu'étant en sa demeure, sont la propriété de telle personne dont on donne les noms, profession et demeure.

Si deux personnes occupent le même domicile une semblable déclaration sert à éviter la confusion. On fait un état descriptif des meubles d'une personne sur timbre séparé et que l'on annexe, puis on déclare que tous les autres meubles non décrits appartiennent à telle personne.

Il est utile alors de faire comparaître les deux personnes dont les meubles sont en commun.

L'enregistrement de ces déclarations est de 2 fr. (Loi 28 avril 1816, art. 43, n° 9.)

(Vid. *formule*,)

CHAPITRE V

Des reconnaissances d'enfant naturel.

C'est le seul moyen de constater légalement la filiation d'un enfant naturel.

Aucune capacité n'est requise à ce sujet; c'est la déclaration d'un fait personnel que le mineur, l'interdit ou la femme mariée, peuvent constater, même sans autorisation.

Seulement, pour être valable, la reconnaissance doit être volontaire.

Elle est faite par le père et la mère ou l'un d'eux seulement, avant la naissance, pendant la vie ou même après le décès de l'enfant.

Elle doit contenir :

Les nom, prénoms, le sexe de l'enfant naturel,

La date et le lieu de sa naissance,

La date de l'inscription sur les registres de l'état civil et la manière dont cette inscription est conçue.

Si la reconnaissance a lieu par le père seul, il indique les noms de la mère, ce que celle-ci ne peut faire à l'endroit du père.

Le reconnaissant consent à ce que l'enfant reconnu porte à l'avenir son nom et que mention de la déclaration soit faite sur tous les registres d'état civil.

La loi du 21 juin 1843 exige que, pour cet acte, le notaire en second ou les témoins soient réellement présents lors de sa confection et que leur présence soit constatée par une mention expresse.

L'enregistrement est un droit fixe de 5 francs. (Loi 28 avril 1816, art. 45, no 7.)

L'enregistrement est gratis pour les individus dont l'indigence est constatée par un certificat du maire visé par le sous-préfet. (Circ. 19 avril 1821.)

Voir *Formule*, Dict. Not.

CHAPITRE VI

Des autorisations données à un mineur pour faire le commerce.

Le mineur peut être autorisé à faire le commerce à l'âge de dix-huit ans accomplis et après émancipation. (C. comm., art. 2.)

Cette autorisation doit être enregistrée et affichée au tribunal de commerce du lieu où le mineur veut établir son domicile. (C. comm., même art.)

Le père donne l'autorisation, on le fait donc comparaître ; il déclare :

Les nom, prénoms et qualités du mineur qu'il veut autoriser,

Son âge,

La date de son émancipation et le canton où la déclaration a été faite,

Le genre de profession ou de commerce que le mineur a l'intention d'exercer ;

On lui donne encore les pouvoirs nécessaires aux actes de commerce, tels que : vendre, acheter, faire tous marchés, fournitures et entreprises, souscrire et endosser tous billets, lettres de change, effets de commerce, faire tous recouvrements et toutes poursuites, donner quittance, etc.

Cet acte rentre dans la classe des actes innomés

soumis au droit fixe de 2 fr. par la loi du 28 avr. 1816, art. 43, n° 5.

Voir *Formule*, Dict. Not.

CHAPITRE VII

Des dépôts.

Ce chapitre comprendra deux sections :

Dans la première nous nous occuperons du dépôt d'argent confié à un notaire ;

Et dans la seconde nous traiterons du dépôt de pièces fait dans une étude.

L'acte de dépôt donne ouverture au droit fixe de 2 fr. (Loi du 28 avril 1816, art. 43.)

SECTION PREMIÈRE

DU DÉPÔT D'ARGENT CONFIÉ A UN NOTAIRE.

Outre les sommes déposées dans une étude de notaire pour l'exécution d'un acte, il arrive que des clients confient au notaire des deniers qu'ils lui redemanderont plus tard : c'est cette remise de deniers qui constitue le dépôt.

Le notaire, comme tout dépositaire ordinaire, doit garder l'objet qui lui est déposé et le restituer en nature. (Art. 1915 du C. N.)

L'acte qui constate ce dépôt est fait avec :

Les nom, prénoms, profession et domicile du déposant,

Les noms du notaire dépositaire,

La somme et l'origine des deniers déposés,

Leur nature (or, argent ou billets),

Enfin la destination ou l'emploi qu'on veut faire de ces deniers.

Quand ce sont des objets mobiliers qui sont déposés, faire la désignation de ces objets.

SECTION II

DU DÉPÔT DE PIÈCES.

On dépose une infinité de pièces pour minute. Nous ne parlerons que des dépôts les plus fréquents.

Il y a deux sortes de dépôts :

Le dépôt pur et simple,

Et le dépôt avec reconnaissance d'écriture.

Rentre encore dans le même genre, le rapport pour minute, c'est-à-dire le dépôt en l'étude d'un notaire, d'un acte reçu en brevet par ce même notaire.

Ces trois espèces de dépôts sont volontaires.

Enfin on fait encore un acte pour les pièces dont le dépôt est ordonné par la justice.

Voir *Formule*, Dict. Not.

Art. 1. — Du dépôt pur et simple.

Tous les actes peuvent faire l'objet d'un dépôt pour minute.

L'utilité de ce dépôt est :

D'assurer l'existence d'une pièce à laquelle on aura à recourir plus tard,

De faire délivrer des extraits et expéditions de la pièce déposée,

De faciliter la délivrance d'un certificat de propriété en justifiant des droits des propriétaires,

Et de rendre authentique une pièce qui ne l'était pas.

Les pièces que l'on dépose le plus communément, sont :

Les procurations, lorsqu'elles concernent plusieurs affaires, ou lorsqu'on veut en avoir plusieurs expéditions,

Les sous-seings privés, pour leur donner date certaine,

Les pièces venant à l'appui d'un certificat de propriété,

Les extraits constatant la publication des contrats de mariage des commerçants,

Les titres de propriété quand ils intéressent plusieurs personnes, pour en faciliter la communication,

La grosse d'un titre commun afin d'en délivrer des ampliations,

Les pièces de purge légale, à la suite d'une adjudication, par exemple.

Dans tous ces cas, le notaire doit dresser un acte de dépôt, à peine de 10 fr. d'amende (autrefois 50 francs). (Loi 22 frim. an VII, art. 43; loi 16 juin 1824).

Cet acte de dépôt est d'une rédaction bien facile, puisque la pièce à déposer donne tous les renseignements, on en rapporte la nature, la date, la mention d'enregistrement (littérale si la pièce est un sous-seing privé), les légalisations, et on en fait une analyse succincte, en faisant ressortir l'objet de la pièce.

Puis une mention de ce dépôt, certifié véritable par le déposant, est mise sur la pièce déposée.

L'acte se fait de même, quel que soit le nombre des pièces déposées ; seulement, quand il y en a beaucoup on fait une brève description de chacune.

Il va sans dire que, sous peine d'amende, la pièce

doit être enregistrée *avant*, ou au moins en même temps que l'acte de dépôt.

Voir *Formule*, Dict. Not.

Art. 2. — Du dépôt avec reconnaissance d'écritures.

Pour donner date certaine à un écrit sous seings privés, on en opère le dépôt, — mais pour lui donner les effets d'un acte authentique, il faut encore en reconnaître l'écriture et les signatures. (C. N. 1322.)

Cette espèce d'acte de dépôt se dresse, comme le précédent, avec l'analyse de la pièce déposée.

Autant que possible, tous les signataires de l'écrit comparaissent en l'acte de dépôt, le requièrent, déclarent que la pièce qu'ils présentent a été écrite en entier de la main de l'un d'eux ou d'un tiers, et que chacun d'eux reconnaît la signature et le paraphe qu'il y a apposés.

La pièce est aussi certifiée véritable, et la mention de ce certifié et du dépôt est signée par toutes les parties.

L'acte de dépôt contient ensuite une élection de domicile faite par les parties pour exécuter ledit acte.

Pour surcroît de précaution et éviter toute altération future, il est bon de faire une description matérielle, physique de l'écrit déposé; on relate le format et l'espèce du papier, le nombre de pages ou de feuilles écrites et blanches, les surcharges et interlignes, le compte des mots nuls et les barres que l'on a soin de tirer dans les blancs.

Voir *Formule, ibid.*

Art. 3. — Du dépôt ou rapport pour minute.

Un acte délivré en brevet peut être rapporté pour

minute au notaire qui l'a reçu; ce rapport rend tous les avantages attachés aux autres minutes du notaire.

Ce rapport est constaté par un acte, comme les dépôts ordinaires; les termes trop généraux de l'art. 43 de la loi du 22 frim. an VII exigent toujours un acte de dépôt; la remise du brevet ne serait donc point suffisamment constatée par une apostille en marge du brevet et une mention sur le répertoire.

L'acte de rapport se fait absolument comme l'acte de dépôt pur et simple.

Si le brevet rapporté contient certaines écritures privées, comme, par exemple, un reçu écrit par l'une des parties, il est important d'en faire l'énonciation dans l'acte de rapport, et même ce reçu devrait être enregistré : ne serait-ce qu'une simple mention, sans date ni signature, cette mention n'en prouve pas moins la libération.

Voir *Formule*, Dict. Not.

Art. 4. — Du dépôt de pièces ordonné par justice.

Les notaires dressent encore des actes pour les pièces dont le dépôt est fait en leur étude en vertu d'une ordonnance judiciaire.

Nous rangerons sous ce titre :

Les dépôts de cahier des charges,

Les dépôts de testaments olographes.

Quant aux autres pièces dont un jugement prescrit le dépôt, on en constate la remise par un acte, dans lequel on fait un exposé du jugement, une désignation et une analyse des pièces.

Une expédition du jugement est habituellement annexée à l'appui du dépôt.

Le tout d'après les indications ci-dessus et la formule.

§ 1er. — Du dépôt du cahier des charges.

Nous ne parlerons pas ici du cahier des charges de ventes volontaires dont le dépôt se fait si rarement, nous ne nous occuperons que des cahiers des charges de ventes judiciaires.

Dans l'acte de ce dépôt, on rappelle :

La date du jugement,

Les noms, prénoms, profession et domicile des parties demanderesses et défenderesses et les noms de leurs avoués,

L'indication sommaire des biens à vendre,

Le jour de l'adjudication.

Il est aussi d'usage de constater le nombre de feuilles du cahier des charges, et lorsqu'il est rédigé par un avoué, on transcrit littéralement la mention d'enregistrement.

Voir *Formule,* Dict. Not.

§ 2. — Dépôt de testaments.

Le dépôt des testaments ólographes est le seul qui nous occupera sous ce paragraphe; pour les autres, comme les testaments mystiques, voir plus loin.

Le dépôt du testament mystique se constate par un acte que l'on appelle *acte de suscription.*

Le testament olographe est, aussitôt le décès du testateur, présenté au président du tribunal, qui en ordonne le dépôt dans l'étude d'un notaire.

Comme les autres dépôts, celui-ci est constaté par un acte qui renferme le nom du testateur, la date et la désignation du testament, sans y joindre l'analyse.

On annexe à cet acte l'enveloppe du testament et l'expédition du procès-verbal d'ouverture.

On rapporte aussi l'enregistrement du testament, à moins que cette pièce ne soit enregistrée que simultanément au dépôt.

On n'oublie pas de relater les mentions de signé *ne varietur* mises par le président du tribunal et le greffier.

Nous devons dire ici que si tel est l'usage en province, il n'en est pas de même à Paris.

Dans cette ville, on ne dresse pas d'acte de dépôt, on se contente de joindre à l'original du testament une expédition du procès-verbal de constatation ; on met le tout sous une chemise, et on l'inscrit sur le répertoire à la date de l'ouverture.

De cette manière, on évite le droit d'enregistrement de 2 francs auquel est soumis l'acte de dépôt, et, de plus, on conserve la faculté de ne faire enregistrer le testament que trois mois après le décès du testateur.

Il est vrai qu'avec un acte de dépôt, le notaire peut demander au receveur que le testament soit enregistré en débet, pour ne pas en avancer les frais ; mais cela nécessite presque inévitablement une discussion dont on est bien aise de se dispenser avec les employés de l'administration, si peu gracieux d'ordinaire.

Voir *Formule*, Dict. Not.

CHAPITRE VIII

Des actes respectueux.

C'est l'acte par lequel un enfant demande à ses père et mère, ou à ses aïeuls et aïeules, leur conseil avant de contracter mariage.

Le fils à 25 ans, la fille à 21 ans sont tenus avant leur mariage, de demander, par un acte respectueux et formel, le conseil de leurs père et mère, ou de leurs aïeuls et aïeules si leurs père et mère sont décédés ou dans l'impossibilité de manifester leur volonté. (C. Nap., art. 148 et 151.)

L'acte respectueux est notifié par deux notaires ou par un notaire et deux témoins. (C. Nap. 154.) Il est soumis aux mêmes formalités que les actes notariés ordinaires, d'après la loi du 25 ventôse an XI.

Une copie séparée est remise à chacun des père et mère, ou autres ascendants.

Les copies sont signées par les deux notaires ou par le notaire et les deux témoins : cela est prudent, bien qu'aucune prescription ne l'exige.

Les actes sont en minute ; il en est délivré copie aux ascendants sur timbre à 50 cent. ou à 1 fr.

La présence de l'enfant n'est pas nécessaire.

Tout acte respectueux se divise en deux parties :

La réquisition,

Et la notification.

§ 1er. — Réquisition.

On commence par l'acte de réquisition qui contient :

Les noms, qualités et demeure du comparant ou de la comparante,

Le lieu et la date de sa naissance prouvés par la copie de l'acte de naissance,

Les noms, qualités et demeure des père et mère ou des ascendants à qui le conseil est demandé, les noms, qualités et demeure de la personne avec laquelle on se propose de contracter mariage,

Ensuite le comparant requiert les notaires de se transporter chez les père et mère pour leur notifier l'acte respectueux.

Voir *Formule*, Dict. Not.

§ 2. — Notification.

La réquisition faite, les notaires y obtempèrent et se transportent au domicile des ascendants pour leur notifier l'acte respectueux.

Cette notification contient :

L'heure à laquelle les notaires sont arrivés chez les père et mère,

Un résumé de la réquisition, en rappelant les noms des parties,

L'invitation faite aux père et mère de répondre,

La réponse faite par ces derniers et qui aboutit au consentement ou au refus de consentement. Les parents devant être interpellés chacun séparément, répondent aussi séparément; il faut donc indiquer les deux réponses l'une après l'autre, lors même qu'elles seraient semblables.

Lecture leur est donnée de l'acte qu'ils signent ou refusent de signer.

On fait ici la clôture du procès-verbal, en constatant, à la fin, qu'il a été laissé à chacun des père et mère une copie en bonnes formes de la réquisition et de la notification.

Si les père et mère étaient absents, ou indiquerait, après le transport des notaires, que ces derniers n'ont trouvé personne au domicile des père et mère et qu'ils ont notifié l'acte respectueux, en parlant à la personne qu'ils ont vue ;

Ou encore si la porte est fermée et qu'il n'y ait ni amis ni serviteurs, on relate l'absence des père et mère, la solitude de la maison, l'interpellation faite en vain à plusieurs reprises et le transport à la mairie où la notification est faite en parlant au maire ou à l'adjoint.

Voir *Formule*, Dict. Not.

§ 3. — Renouvellement.

En cas de refus de consentement de la part des père et mère, l'acte respectueux doit être renouvelé deux autres fois de mois en mois, si le fils n'a pas atteint sa trentième année, ou la fille sa vingt-cinquième année; après cet âge, l'acte respectueux n'a pas besoin d'être renouvelé.

Il peut être procédé au mariage un mois après la notification du troisième acte respectueux. (C. Nap. 152.)

La rédaction des actes de renouvellement est semblable au premier en tout point; le seul changement consiste à indiquer après la comparution, que le requérant, renouvelant l'acte respectueux notifié le . . . . . demande de nouveau respectueusement le conseil de ses père et mère, etc.

Il est perçu pour l'enregistrement le droit fixe de 2 francs pour chaque acte respectueux ou renouvellement. (Loi 18 mai 1850, art. 8.)

La notification de ces actes ne peut être faite les dimanches et fêtes.

Voir *Formule*, Dict. Not.

CHAPITRE IX

Des procès-verbaux de comparution.

Ces procès-verbaux sont nombreux; les plus fréquents ont pour causes la résiliation d'un bail, d'une vente, d'une convention, l'obtention d'un payement, la reddition d'un compte, la demande d'une main-levée.

On commence par l'année, le jour et l'heure; on constate ensuite la comparution du demandeur, assisté au nom d'un avoué.

Le demandeur donne ses nom, qualités et demeure; il rappelle :

La date de la sommation qu'il a donnée et le nom de l'huissier qui l'a signifiée (l'original de cette sommation est annexé.)

Les noms, qualités et demeure de la personne qu'il a sommée,

Le lieu, le jour et l'heure indiqués dans la sommation,

L'objet de la demande;

Il requiert qu'il lui soit donné acte de sa comparution, et qu'il soit donné défaut contre le défendeur si celui-ci ne comparaissait point.

Si la sommation indique l'heure à laquelle le défaut peut être donné, on attend jusqu'à cette heure; si la sommation garde le silence à ce sujet, on attend une heure après l'heure fixée pour la comparution. Quelques auteurs enseignent qu'il faut attendre trois heures; mais cela nous semble trop long, et nous avons déjà dit ailleurs qu'il était d'usage de donner défaut après une heure. (Voir notre *Traité des liquidations*, 2e édit, nº 1910.)

On voit qu'il est nécessaire d'indiquer l'heure de l'ouverture du procès-verbal et celle de la clôture.

La réquisition terminée, on en donne lecture au demandeur qui appose sa signature, ainsi que l'avoué, s'il en a un.

Cela fait, on attend une heure au moins, et si, l'heure passée, le défendeur ne comparaît pas, ni personne pour lui, le notaire, sur la réquisition du demandeur, prononce le défaut et clôt le procès-verbal.

Si le défendeur comparaît, le notaire lui donne lecture de la réquisition du demandeur, et constate la réponse qui y est faite; il rend compte également des répliques respectives, s'il y en a.

On fait signer chaque partie après son dire, de sorte que s'il y a plusieurs répliques, il doit y avoir autant de signatures.

Quand les parties ne sont pas tombées d'accord, il faut mentionner les réserves et protestations faites en termes généraux à la clôture du procès-verbal.

Il est bon aussi, quand la séance a duré plus de trois heures, d'indiquer le nombre des vacations.

Ces procès-verbaux ne peuvent être faits les dimanches et jours de fête, à cause de leur caractère judiciaire.

Il est dû un droit fixe de 2 francs pour chaque vacation. (L. 28 avril 1816, art. 43, n° 16.)

Voir *Formule*, Dict. Not.

CHAPITRE X

Des procès-verbaux de délivrance de secondes grosses.

D'après la loi du 25 ventôse an XI, art. 16, il est interdit aux notaires, à peine de destitution, de délivrer une seconde grosse sans une ordonnance spéciale du président du tribunal civil du lieu où réside le notaire détenteur de la minute.

Pour obtenir cette ordonnance, il faut présenter une requête au président, lequel, sur cette requête, rend l'ordonnance. (C. proc. art. 844.)

En conséquence de cette requête, le demandeur fait

sommer les parties intéressées de se trouver en l'étude du notaire, à un jour indiqué, pour être présentes à la délivrance de la seconde grosse, et au notaire pour faire cette délivrance. (Même article.)

Les sommations seraient inutiles si le débiteur consentait à la délivrance de la seconde grosse; mais, bien entendu, l'ordonnance du président est indispensable.

En cas de consentement, le notaire le mentionne dans son procès-verbal, et délivre la grosse sans autre formalité.

Mais il n'en est pas toujours ainsi : le débiteur ne comparaît pas, et alors on donne défaut contre lui; — ou bien il comparaît, mais soulève des difficultés, et dans ce cas le notaire constate les dires des parties et les envoie se pourvoir en référé. (C. pr. 845.)

En référé, si la délivrance est encore ordonnée, le jugement est signifié au notaire et est exécutoire contre lui.

Le notaire alors dresse un procès-verbal où la présence du débiteur est inutile, puisqu'il ne peut plus avoir d'observation à faire. Le créancier seul comparaît, rend compte des diverses procédures suivies, et représente un certificat de non-opposition ni appel.

Dans tous ces cas, le procès-verbal est en minute, sur un timbre séparé de l'acte dont on demande la deuxième grosse; l'ordonnance, les significations et les certificats de non-opposition ni appel y sont annexés.

Ces procès-verbaux contiennent :

Les nom, prénoms, qualités et domicile du demandeur,

La date de la sommation aux débiteurs et le nom de l'huissier qui a délivré l'exploit,

Les noms, qualités et domiciles du ou des débiteurs,

Les jour, lieu et heure où ils ont été appelés,

La date de l'ordonnance du président du tribunal civil,

La date de la requête à lui présentée,

La date de l'acte dont la seconde grosse est demandée,

Le nom du notaire qui l'a reçu,

Le résumé succinct des principales dispositions de cet acte : comme la somme due en principal, les époques de payement et les intérêts dont elle est productive; si une partie de la somme est remboursée où si la créance est cédée, il faut en faire mention et indiquer pour quelle somme on pourra exécuter, c'est-à-dire qu'il est bon d'énoncer ici en deux mots les quittances, transports ou subrogations qui ont pu être faits,

Le motif de la nécessité de la seconde grosse, comme si la première est perdue, brûlée, arrachée,

La mention de l'annexe,

La réquisition de délivrance de seconde grosse par le demandeur, même en l'absence du débiteur,

La mention de la lecture et de la signature du demandeur.

Ici se termine la première partie du procès-verbal; pour la seconde partie, trois cas peuvent se présenter:

Ou le débiteur ne comparaît pas,

Ou il comparaît et consent à la délivrance,

Ou bien il comparaît et s'oppose à cette délivrance.

§ 1er. — Si le débiteur ne comparaît pas.

On attend une heure, et on donne défaut, comme nous l'avons vu au chapitre précédent, des procès-verbaux de comparution.

§ 2. — Si le débiteur comparait et consent.

Le débiteur intervient et consent à la délivrance de la seconde grosse demandée ; le principal étant encore dû, il est nécessaire que le créancier ait un titre exécutoire entre ses mains.

Le débiteur signe et le notaire constate la délivrance qu'il a faite de la 2e grosse.

§ 3. — Si le débiteur comparait et conteste.

Le débiteur intervient pour répondre à la sommation et déclare qu'il s'oppose formellement à la délivrance ; il donne les motifs de son refus et requiert le notaire de surseoir à la délivrance de la 2e grosse.

On lui lit son dire, et il signe ou refuse de signer.

Le créancier réplique et déclare qu'il se pourvoira par les voies de droit pour arriver à la délivrance.

Il signe sa réplique.

Puis le notaire renvoie les parties à se pourvoir devant qui il appartiendra et clôt son procès-verbal.

L'enregistrement est de 2 francs. (Loi 28 avril 1816, art, 43, no 16.)

Voir *Formule*, Dict. Not.

CHAPITRE XI

Des procès-verbaux de compulsoire.

En notariat, c'est un procès-verbal constatant la communication ou la délivrance de l'expédition d'un titre, à un tiers qui n'y était pas partie, mais qui était autorisé à la communication ou à la délivrance aux termes d'un jugement.

Ce jugement est signifié à l'adversaire avec sommation de se trouver en l'étude du notaire, à un jour indiqué; une signification semblable est aussi faite au notaire.

Les procès-verbaux de compulsoire sont dressés en la forme des actes notariés.

Il est donné défaut contre la partie qui ne comparaît pas une heure après l'instant fixé par la sommation.

Ces procès-verbaux contiennent :

L'année, le jour, l'heure et le lieu où ils sont dressés,

Les noms, qualités et demeure du demandeur,

La date du jugement autorisant le compulsoire, et le siége du tribunal où le jugement a été rendu,

La nature du jugement: contradictoire ou par défaut,

La date du contrat dont on veut avoir expédition ou communication,

Le nom du notaire qui l'a reçu,

Les principales dispositions de ce contrat, si c'est une vente, par exemple, l'objet vendu, le prix, les noms des parties, etc.,

La date de la sommation et le nom de l'huissier qui l'a signifiée,

Le jour, le lieu et l'heure indiqués par la sommation.

Les noms, qualités et domicile de la partie sommée,

La réquisition de défaut dans le cas où la partie sommée ne comparaîtrait pas,

L'annexe de la grosse du jugement et de l'exploit,

La mention de la lecture faite au demandeur et de sa signature.

Si la partie sommée ne comparaît pas, il est donné défaut contre elle et passé outre au compulsoire; ce défaut est toujours prononcé de la même manière pour tous les procès-verbaux. (Voir aux chapitres précédents.)

Lorsqu'il y a comparution pour satisfaire à la sommation et assister à la délivrance de l'expédition, on constate la présence du sommé et l'on mentionne les réserves faites par lui et sa signature.

Le notaire donne acte des comparutions et dires respectifs ; les parties peuvent insérer au procès-verbal tels dires qu'elles avisent. (C. proc. 850.)

Le notaire présente la minute du contrat en question ;

Il en donne communication, ou bien il fait, en présence des parties, l'extrait littéral des dispositions intéressant le demandeur.

Cet extrait ou expédition terminé, est collationné mot à mot et confronté par les parties qui le reconnaissent exact et conforme à l'acte, après quoi le notaire en fait la délivrance que le demandeur reconnaît.

Lorsqu'il y a contestation, comme lorsque l'une des parties prétend que l'expédition ou l'extrait n'est pas conforme à la minute, le notaire reçoit et constate les dires de la partie contestante et les répliques des autres parties, et il renvoie les parties en référé devant le président du tribunal civil pour le jour et l'heure indiqués.

Le notaire fait ensuite la clôture du procès-verbal, en indiquant le nombre des vacations qui y ont été employées.

Il est dû 2 fr. pour chaque vacation. (Art. 43, n° 16, de la loi du 28 avril 1816).

Voir *Formule*, Dict. Not.

CHAPITRE XII

Des permis de chasse.

Tout propriétaire peut permettre de chasser sur son terrain : la chasse étant un droit inhérent à la propriété du sol.

Cette permission peut être à titre gratuit ou onéreux. Seulement, si la permission est donnée moyennant un prix, c'est un bail de chasse. (Voir *infrà.*)

Nous ne nous occuperons pour l'instant que de la permission gratuite.

L'acte de permis énonce :

Les nom, qualités et demeure du propriétaire,

La situation des immeubles sur lesquelles il veut permettre la chasse,

La permission accordée gratuitement,

Les nom, qualités et domicile de celui à qui le permis est accordé,

L'espèce de chasse permise, à courre ou à tir, au chien d'arrêt ou au chien courant, à tous gibiers ou seulement aux cerfs et sangliers, ou chevreuils, ou lièvres, lapins, perdrix, etc.,

Le temps pendant lequel le chasseur pourra user de la permission,

Si la permission est personnelle ou non au chasseur,

Si ce dernier a la faculté de faire partager son droit de chasse à un ou plusieurs de ses amis, continuellement, ou accidentellement,

Les conditions imposées par le propriétaire, notamment de ne pouvoir chasser en temps prohibé, ni avant l'enlèvement des récoltes, et de se conformer aux lois et ordonnances.

Il n'est perçu pour cet acte qu'un droit fixe de 2 fr. (Loi 28 avril 1816, art. 43, n° 7.)

Seulement si un prix avait été stipulé, ce ne serait plus un permis, ce serait comme nous l'avons déjà dit, un bail de chasse, soumis au droit de 20 centimes pour cent.

Voir *Formule*, Dict. Not.

CHAPITRE XIII

Des adhésions.

Quoique l'adhésion se rapproche beaucoup de la ratification, elle en diffère cependant en un point essentiel : la ratification est la confirmation de ce qui a été fait en notre nom; l'adhésion est l'approbation donnée à un acte où personne n'a stipulé pour nous : on ne fait que se joindre à d'autres pour adopter, conjointement avec eux, les conventions qu'ils ont stipulées :

On adhère :

A une société anonyme ou en commandite,

A un contrat d'union, d'abandonnement volontaire, d'atermoiement, de concordat, etc.

Cet acte ne peut pas être écrit sur le même timbre que le contrat auquel on adhère.

On procède comme dans les ratifications, ainsi :

On donne lecture du contrat, on en rappelle la date et les clauses principales, brièvement mais cependant d'une manière complète ; cette analyse exacte est essentielle, pour qu'il ne reste aucun doute sur le consentement de l'adhérant.

Puis ce dernier donne son adhésion au contrat qu'on lui a lu, déclare le nombre d'actions pour lequel il entend souscrire, si c'est une société par action ; ou en cas de contrat d'abandonnement volontaire, il déclare adhérer audit contrat comme créancier de la somme de..., accepter formellement la cession des biens abandonnés et libérer définitivement les débiteurs sous la foi de l'exécution de ce contrat.

Puis, si l'on a nommé un syndic ou donné pouvoir à un créancier d'opérer les recouvrements, de vendre les biens et de distribuer les prix à en provenir, l'adhérant doit approuver cette nomination, et confirmer tous les pouvoirs conférés au représentant de la masse des créanciers.

Il y a lieu ensuite de faire une élection de domicile, qui, ordinairement, est la même que celle faite au contrat.

Il est dû, comme pour les ratifications, le droit de 2 fr.

Voir *Formule*, Dict. Not.

CHAPITRE XIV

Des acquiescements.

Cet acte se rapproche beaucoup du précédent: adhérer et acquiescer signifiant la même chose; mais on le classe à part, parce que, dans le langage notarial, le mot acquiescement ne s'entend que d'un consentement, d'une acceptation donnée à une demande judiciaire ou à un jugement.

A l'égard des acquiescements à d'autres actes, on les nomme, selon le genre d'actes approuvés, acceptation, adhésion, consentement, approbation et ratification. Voir les chapitres qui portent ces titres.

Art. 1er. — Acquiescement à un jugement.

Il faut connaître :

La date du jugement,

La nature contradictoire ou par défaut,

Le nom de la partie adverse,

L'importance de la condamnation et sa cause en tant que de besoin,

Les intérêts et les dépens;

Tout ceci constaté, le comparant consent l'exécution du jugement et renonce à interjeter appel.

Voir *Formule, ibid.*

Art. 2. — Acquiescement à demande judiciaire.

Il faut savoir :

Les noms du demandeur,

La date de l'exploit par lequel la demande a été formée, et le nom de l'huissier qui l'a délivré,

Le motif de la demande ainsi que l'indication de l'acte qui en sert de base et sur lequel le demandeur s'appuie,

L'énonciation de cet acte est importante, et, selon nous, elle doit toujours avoir lieu, alors même que cet acte n'aurait pas déjà été enregistré et donnerait ouverture à des droits assez élevés, droits qui sont perçus sur l'acte d'acquiescement.

Le comparant reconnaît ensuite le bien fondé de la demande, y acquiesce, consent l'exécution du titre fondamental, et renonce à lui opposer toute exception ou prescription.

Enfin on donne au porteur d'un extrait pouvoir de signifier ledit acquiescement.

Voir *Formule*, Dict. Not.

Droit fixe 2 fr. (Loi du 28 avril 1816, art. 43.)

CHAPITRE XV

Des notoriétés.

Les actes de notoriété servent à constater d'une manière authentique, l'attestation faite par deux témoins, devant un officier public, d'un fait *notoire*.

Ces actes sont nécessaires :

Pour constater les qualités des héritiers quand il n'y a point d'inventaire,

Pour constater qu'il n'y a pas d'héritiers à réserve,

Pour rectifier les erreurs ou omissions contenues dans un intitulé d'inventaire.

Pour constater l'absence d'un individu,

Pour constater qu'il n'existe pas de parents au degré successible, et par suite, que l'enfant naturel ou le conjoint a droit à la totalité de la succession,

Pour constater qu'une succession est vacante ou en déshérence,

Pour rectifier les erreurs dans les nom et prénoms d'un individu, ou pour obtenir en justice la rectification des actes de l'état civil,

Pour faire rejeter d'un état d'inscriptions celles qui n'ont été portées qu'à cause d'une légère ressemblance de nom,

Pour donner un témoignage favorable de celui qui a l'intention d'adopter quelqu'un,

Pour établir qu'une veuve de militaire peut avoir droit à une pension,

Enfin pour établir la naissance ou non d'un enfant dont la mère a déclaré être grosse dans l'inventaire.

Bien que cet acte puisse être délivré en brevet, il est plus fréquemment conservé en minute.

Les déclarants sont parties et ne sont pas soumis aux qualités requises pour les témoins instrumentaires; il suffit que ces déclarants ne soient pas intéressés aux faits qu'il s'agit de prouver, mais qu'ils en aient connaissance, et de plus que les attestants ne soient ni parents, ni alliés, ni serviteurs de ceux au profit desquels la notoriété est dressée.

A l'appui des attestations, il est bon d'annexer certaines pièces justificatives que nous indiquerons à chaque espèce ci-après.

Nous avons dit que les déclarations étaient faites par deux témoins: c'est le plus grand nombre de cas; cependant une plus grande quantité d'attestants ne ferait que donner plus de poids à l'acte.

A l'égard même d'une notoriété ayant pour but de déclarer l'absence, il est prudent d'appeler quatre témoins.

Art. 1er. – Notoriété après décès.

§ 1er. — Pour constater les qualités des héritiers.

Il faut connaître :

Les nom, prénoms, profession et domicile du défunt,

La date et le lieu de son décès,

S'il a été ou non fait inventaire,

Les nom, prénoms, profession et domicile de chacun de ses héritiers,

S'il y a des femmes mariées, les nom, etc., de leurs maris,

S'il y a des mineurs, interdits ou autres incapables; les noms de leurs tuteurs, curateurs ou conseils judiciaires,

Le degré de parenté de chacun des héritiers avec le défunt et la quotité dévolue à chacun;

Quand ce n'est pas une succession directe, on doit dire qu'il n'y a pas d'héritier ayant droit à la réserve légale,

Si les héritiers viennent de leur chef ou par représentation, et, dans ce dernier cas, les nom et prénoms de ceux qu'ils représentent, ainsi que le degré de parenté du représenté avec le défunt,

Si le défunt était célibataire, veuf ou marié lors de son décès; s'il était marié, les nom et prénoms de son conjoint, la date de la célébration de son mariage, ou mieux, la date du contrat et le régime adopté.

Tous ces renseignements pris, on se fait représenter, pour être annexées, les pièces justificatives à l'appui des déclarations contenues en l'acte. Ces pièces sont :

Une copie de l'acte de décès du *de cujus*, délivrée sur timbre par l'officier de l'état civil,

Un tableau généalogique de la famille, quand il y a beaucoup d'héritiers, surtout assez éloignés,

Et, s'il y a lieu, les actes de naissance des héritiers et les actes de décès de leurs auteurs venant à l'appui de l'arbre généalogique.

Toutes ces pièces, sur timbre, sont annexées et légalisées au besoin; elles sont en outre, sauf la première (l'acte de décès du *de cujus*), certifiées véritables par les témoins.

Voir *Formule*, Dict. Not.

§ 2. — Pour constater qu'il n'existe aucun réservataire.

Cet acte de notoriété est surtout utile lorsqu'il y a un donataire ou légataire universel, ou seulement un don ou legs excédant la quotité disponible parce que alors l'existence d'un héritier réservataire entraînerait inévitablement la réduction de la libéralité.

Comme pour le cas précédent (§ 1er), on demande :

Les nom, prénoms, profession et demeure du défunt et de son conjoint, s'il y a lieu, ainsi que le régime auquel il se sont soumis;

La date et le lieu du décès,

La date ou le défaut d'inventaire.

En outre, on s'assure que le défunt n'a laissé aucun ascendant ni descendant, légitime ou naturel, enfin aucun de ceux auxquels la loi accorde une réserve.

Puis on fait déclarer que, par suite, rien ne s'oppose à ce que la libéralité universelle reçoive son entière exécution.

Pour faire cette énonciation, on comprend qu'il faut avoir :

La date de l'acte contenant la disposition, testament, donation ou contrat de mariage et le nom du notaire qui l'a reçu ou chez qui on en a fait le dépôt, si c'est un testament olographe; et alors, la date de l'ordonnance et du procès-verbal d'ouverture, la mention d'enregistrement,

Les nom, prénoms, qualités et demeure du donataire ou légataire,

Enfin l'importance du legs.

On annexe tout simplement la copie de l'acte de décès.

Voir *Formule*, Dict. Not.

§ 3. — Pour corroborer ou modifier un inventaire.

On demande à l'endroit du décédé les mêmes renseignements que pour les espèces précédentes, et de plus on énonce :

La date de l'inventaire et le nom du notaire qui l'a dressé,

Et les qualités telles qu'elles sont énoncées en l'intitulé.

Ensuite les comparants attestent pour vérité l'exactitude des qualités dont on vient de parler et déclarent qu'ils ne connaissent point d'autres ayants droit à la succession.

Si, au contraire, l'inventaire contient des qualités inexactes, les comparants déclarent les véritables qualités, comme, par exemple, lorsqu'on a omis un héritier; dans ce cas, il y a lieu de rétablir exactement les droits de chacun, d'après les déclarations.

Il va sans dire que les nom, prénoms, profession et domicile des héritiers omis sont nécessaires ainsi que leur degré de parenté avec le défunt.

Pour faire cette rectification d'une manière complète, on fait intervenir, en l'acte de notoriété, tous les héritiers nommés en l'intitulé d'inventaire, on leur fait reconnaître l'exactitude des déclarations rectificatives, et de plus, on les fait consentir à la modification des qualités établies en l'inventaire.

Cet acte qui est un complément de l'inventaire, qui en est même une des parties principales, est mis à la suite de l'inventaire, de manière à n'en jamais être séparé, et à ce qu'il soit impossible de délivrer un extrait de l'intitulé erroné sans délivrer une expédition de la rectification.

Voir *Formule*, Dict. Not.

Art. 2. — Notoriété pour constater l'absence.

§ 1er. — Pour prononcer l'absence.

On demande :

Les nom, prénoms, profession et dernier domicile de la personne dont on veut faire prononcer l'absence, en y joignant, si cela se peut, la date et le lieu de sa naissance,

La cause de son départ et l'époque de sa disparition et des dernières nouvelles qu'on a eues de lui.

La présomption de son décès nécessite la demande en déclaration d'absence ; il y a lieu d'indiquer ensuite :

Si l'absent était célibataire, veuf ou marié, et dans l'un de ces deux derniers cas, les noms de son conjoint,

S'il a laissé des ascendants ou descendants,

Enfin quels sont ses présomptifs héritiers.

Voir *Formule*, *ibid*.

§ 2. — Pour demander une autorisation judiciaire en faveur d'une femme mariée.

Quand l'absence n'est pas déclarée, il y a lieu néanmoins de faire un acte de notoriété pour constater cette absence, lorsque la femme de l'absent veut obtenir de la justice l'autorisation qui lui est utile pour différents actes.

Dans ce cas, ce sont les mêmes renseignements à avoir que pour faire prononcer l'absence, — seulement il n'est pas nécessaire ici de nommer ses héritiers présomptifs.

Si l'autorisation est demandée pour aliéner, il est bon de rappeler que, depuis son départ, l'absent n'a pourvu en aucune manière ni à la subsistance ni à l'entretien de son épouse et de ses enfants.

Voir *Formule*, Dict. Not.

Art. 3. — Notoriétés rectificatives.

Les comparants déclarent parfaitement connaître la personne dont le nom ou les prénoms doivent être modifiés ; ils déclarent ensuite :

La date et le lieu de sa naissance,

Le titre dans lequel le nom a été mal écrit,

La manière dont il est porté dans ce titre, et l'orthographe véritable d'après l'acte de naissance,

L'identité parfaite existant entre la personne nommée par erreur dans le titre et celle connue par les comparants.

On annexe toujours, à l'appui des déclarations, la copie de l'acte de naissance.

Voir *Formule, ibid.*

Art. 4. — Pour rejet d'inscription hypothécaire délivrée à tort par suite de ressemblance de noms.

On a :

Les noms exacts de la ou des personnes sur qui on a délivré l'inscription,

Les noms des véritables débiteurs hypothéqués,

La date de l'obligation, la date et le numéro de l'inscription prise pour garantie du principal.

Ces renseignements obtenus, on conclut que les débiteurs étant connus, l'inscription a été délivrée à tort sur l'état à cause d'une ressemblance de noms, et que, d'après les explications données, l'inscription doit en être rejetée.

Voir *Formule,* Dict. Not.

Art. 5. — Pour une adoption

C'est, comme nous l'avons déjà dit, plutôt un certificat de bonnes mœurs qu'un acte de notoriété; en effet, les témoins déclarants sont habituellement quatre, et ils attestent :

Qu'ils connaissent les personnes qui veulent faire l'adoption,

Que ces personnes n'ont aucun descendant,

Que leur conduite a toujours été irréprochable et qu'ils jouissent de l'estime et de la considération générales.

Voir *Formule, ibid.*

Art. 6. — Pour constater la naissance d'un enfant conçu au moment de l'inventaire.

Dans un inventaire, il arrive qu'une veuve fait une déclaration de grossesse, cette déclaration nécessite un acte de notoriété :

Soit que l'enfant existe,
Soit qu'il ne soit pas né viable,
Soit qu'étant né viable, il fût décédé,
Soit enfin que la grossesse ne fût que présumée.
Voir *Formule*, Dict. Not.

§ 1er. — Quand l'enfant existe.

Cette espèce de notoriété sort du cadre ordinaire : ainsi on commence par faire comparaître la veuve, qui renouvelle la déclaration de grossesse contenue en l'inventaire, et déclare :

Le jour et l'heure de la naissance de son enfant, son sexe et les prénoms qui lui ont été donnés, en rappelant son acte de naissance.

On fait intervenir ensuite le curateur au ventre et un autre individu, qui, comme témoins déclarants, attestent la vérité des assertions de la veuve, qu'ils déclarent avoir vue constamment depuis le décès de son mari.

Voir *Formule*, Dict. Not.

§ 2. — Quand l'enfant n'est pas né viable.

De même que dans l'espèce ci-dessus, la veuve déclare sa grossesse, la date et l'heure de sa délivrance, en ajoutant que son enfant n'était pas né viable et que le décès de cet enfant a été constaté par un acte dressé le même jour.

Une copie de cet acte est annexée.

Le curateur et un autre témoin déclarent, comme ci-dessus, qu'ils ont toujours vu ladite dame depuis le décès de son mari jusqu'à sa délivrance, que sa déclaration ci-dessus est véritable et qu'en conséquence les seuls héritiers sont ceux nommés dans l'inventaire.

Il est bon aussi d'énoncer les droits de chaque héritier.

Voir *Formule*, Dict. Not.

§ 3. — Quand l'enfant né vivant est décédé depuis.

Les mêmes déclarations que ci-dessus, en indiquant seulement le jour de la naissance et celui du décès de l'enfant.

Voir *Formule*, Dict. Not.

§ 4. — Cas où la grossesse n'existe pas.

Ici l'acte de notoriété ne peut être fait que dix mois après le décès du mari.

La veuve déclare comme ci-dessus, sa grossesse présumée, l'inventaire, la nomination du curateur, et reconnaît, en outre, que depuis elle a acquis la certitude que la grossesse n'existait pas et que, par suite, la déclaration faite par elle en l'inventaire doit être considérée comme non avenue.

Intervention des témoins confirmant les déclarations de la veuve.

Voir *Formule*, Dict. Not.

Droit fixe 2 fr. (Loi 28 avril 1816, art. 43.)

Si la notoriété concerne plusieurs personnes ayant un intérêt séparé, il est dû un droit pour chacune d'elles. (Dict. du Notariat, v° *Notoriété*.

TITRE CINQUIÈME

DES CONTRATS CONCERNANT LES MEUBLES

CHAPITRE PREMIER

Des ventes de meubles.

Les meubles et effets mobiliers peuvent être vendus à l'amiable, en masse, ou par adjudication, en détail, ou même en masse.

Nous n'entendons sous ce chapitre que les meubles et objets mobiliers et non point les créances, fonds de commerce, etc., qui feront un chapitre spécial.

Le droit d'enregistrement est de 2 p. 0/0 sur le produit de la vente, qu'elle soit faite à l'amiable ou par adjudication. (Loi du 22 frim. an VII, art. 69, § 5, n° 1.)

SECTION PREMIÈRE

DES VENTES DE MEUBLES A L'AMIABLE.

On n'exige pas pour les ventes de meubles les mêmes capacités que pour les ventes immobilières ; en effet, un mineur émancipé peut vendre son mobilier, assisté seulement de son curateur. (C. N. 481 s.) Une femme mariée séparée de biens le peut également sans aucune autorisation. (C. N. 1449.)

Les majeurs peuvent vendre leurs meubles sous la forme qui leur plaît. (C. proc. art. 952.)

La délivrance des objets mobiliers s'opère :

Par le seul consentement des parties,

Ou par la tradition réelle,

Ou par la remise des clefs des appartements qui les contiennent. (C. N. 1606.)

La délivrance met la chose vendue aux risques de l'acheteur.

Quand il y a un délai fixé pour la livraison, la chose vendue est aux risques de l'acheteur aussitôt ce délai expiré, qu'il en soit ou non en possession, car c'était à lui à mettre le vendeur en demeure de livrer. (C. N. 1138.)

Cet acte doit contenir :

Les noms, qualités et demeure du vendeur,

Les garanties auxquelles il s'oblige : troubles, saisies, revendication,

Les noms, qualités et demeure de l'acheteur,

Sa présence et son acceptation,

La désignation de l'objet vendu ; lorsqu'il y en a une certaine quantité, il est plus convenable d'en faire la description sur un état séparé, dressé par les parties sur une feuille de timbre de 50 cent. ou 1 fr. s'il y a lieu, et d'annexer cet état après l'avoir fait certifier véritable par les parties,

L'indication des lieux où les meubles se trouvent,

L'état où ils sont, bon ou mauvais,

Les réserves que le vendeur peut faire,

La date de l'entrée en jouissance,

Les conditions de la vente qui sont, entre autres :

celles de payer les frais de la vente, d'enlever les meubles de suite ou dans le délai déterminé,

L'obligation par l'acquéreur d'exécuter ces charges et conditions,

Le prix de la vente,

L'époque de payement et le taux des intérêts que ce prix produit, — ou le payement effectué comptant, et, dans ce cas, la reconnaissance de ce payement par le vendeur qui en donne quittance.

Si le prix n'est pas payé comptant, le vendeur réserve, en sa faveur, en garantie de payement, une affectation par privilége spécial sur les meubles vendus, aux termes de l'art. 2102 du C. Nap.

L'acte se termine par l'élection de domicile faite par chaque partie pour l'exécution des dispositions y contenues.

Voir *Formule*, Dict. Not.

SECTION II

DES VENTES DE MEUBLES A L'ENCHÈRE.

Les adjudications de meubles sont volontaires ou judiciaires, — volontaires quand toutes les parties venderesses sont d'accord et majeures, — judiciaires lorsque ce sont des meubles de succession échue à des mineurs ou autres incapables, ou dans les cas de substitution, d'absence, de faillite et de banqueroute.

L'adjudication de meubles appartenant à un mineur est faite par le tuteur en présence du subrogé tuteur.

Avant la vente, le notaire doit en faire la déclaration au bureau d'enregistrement et la transcrire littéralement en tête du procès-verbal ; cette déclaration indique :

La date,

Les nom et résidence du notaire,

Le jour et l'heure où l'adjudication doit avoir lieu,

Le lieu où il doit y être procédé,

La nature des meubles à vendre,

Les noms, qualités et demeures des requérants,

Les noms et qualités du défunt, si ce sont des meubles provenant de succession.

Une déclaration semblable est faite, à peine de 5 fr. d'amende, pour toutes les adjudications de meubles, volontaires ou judiciaires. (Loi du 16 juin 1824, art. 10.)

La vente des meubles par les héritiers équivaut à une prise de qualité, à moins qu'ils n'aient présenté une requête à cet effet au président du tribunal civil du lieu de l'ouverture de la succession. (C. proc. 986.)

Les ventes de meubles de succession sont faites avec les formalités prescrites par les art. 617 et suiv. du Code de procédure.

On procède en vertu d'une ordonn. du président du trib. et à la requête d'un des intéressés. (C. pr. 946.)

Les significations sont faites aux autres parties, et il est procédé tant en leur présence qu'en leur absence. (C. proc. art. 947 et 959.)

A moins d'ordonnance contraire, c'est dans le lieu où sont renfermés les effets que se fait la vente. (Code proc. 949.)

Les procès-verbaux de vente de meubles sont en minute, et on doit répertorier chaque procès-verbal de vacation ou de remise. (Décis. du garde des sceaux, 8 fév. 1830.)

Le procès-verbal de vente contient :

§ 1. — Vente judiciaire.

La copie de la déclaration dont nous avons parlé plus haut,

La date et l'heure du procès-verbal,

Les nom, prénoms, profession et demeure de chaque requérant,

Leurs droits dans la propriété des meubles,

Les nom du défunt auquel les meubles appartenaient,

La date de son décès,

La date de l'inventaire, le nom du notaire qui y a procédé, l'indication de la quittance des droits d'enregistrement : ces trois dernières énonciations doivent être faites lorsqu'il y a inventaire, sous peine de 10 fr. d'amende. (Loi 16 juin 1824, art. 10.)

Les qualités héréditaires de chaque requérant d'après l'inventaire,

La date de la requête adressée au président du tribunal,

La date de l'ordonnance du président autorisant la vente,

Le siége du tribunal,

L'annexe de l'original de l'ordonnance,

La date des significations faites aux intéressés et le nom de l'huissier qui les a faites,

Les noms, qualités, et demeure de ceux à qui les significations ont été faites,

Leur comparution, et leur consentement à la vente, — ou leur absence et le défaut prononcé contre eux,

La réquisition par les comparants de procéder à la vente,

Les lieux où sont déposés les meubles, et où par conséquent la vente doit être faite,

Les noms, qualités et demeure de la personne constituée gardienne des objets à vendre, par la clôture de l'inventaire, et qui doit faire la représentation desdits objets,

Les diverses conditions sous lesquelles la vente aura lieu et notamment : la délivrance immédiate, la stipulation de non garantie de la part des vendeurs, le payement comptant ou à termes, et, dans ce dernier cas, le refus d'adjuger aux personnes insolvables, etc.,

Les frais que les acquéreurs supporteront en sus de leurs prix, pour honoraires du notaire et autres frais,

La signature des parties, et des notaires ou du notaire et des témoins : d'après la loi du 22 pluviôse an VII, art. 5, chaque séance doit être close et signée par l'officier public et deux témoins domiciliés, c'est-à-dire connus ;

La date de l'exploit contenant apposition des placards, et le nom de l'huissier qui l'a signé,

La date des insertions et le titre du journal où elles ont été faites,

Le nombre de ces insertions,

L'annexe des procès-verbaux de placards et des exemplaires de journaux,

Enfin l'adjudication.

Chaque objet vendu est immédiatement inscrit au procès-verbal ; il faut écrire en toutes lettres le prix qui est ensuite tiré hors ligne en chiffres. (L. 22 pluv. an VII, art. 5), et ce, à peine de 5 fr. d'amende. (*Id.*, art. 7.)

Tous les articles exposés en vente, doivent être compris dans le procès-verbal, même ceux retirés par les vendeurs, l'omission entraînerait une amende de 20 fr., et la restitution du droit. (L. 16 juin 1824, art. 10.)

Même amende de 20 fr. pour chaque altération du prix de l'adjudication, indépendamment des peines de faux, s'il y a lieu. (Même loi.)

Les ratures d'articles ne sont pas des contraventions, à moins cependant que l'on ne prouve l'adjudication des objets portés sur l'article rayé.

Il est inutile d'indiquer si le prix est payé ou non.

Le procès-verbal contient en résumé :

Les noms et demeures des adjudicataires (C. pr. 625).

La désignation de l'objet vendu,

Le prix en toutes lettres, tiré hors ligne dans une colonne.

Les adjudicataires n'ont pas besoin de signer le procès-verbal.

A la fin de la journée, on additionne le prix de toutes ces adjudications et l'on en indique le montant en toutes lettres.

On clôt ensuite la vacation en énonçant :

L'heure de l'ouverture, et celle de la clôture,

Le nombre de vacations,

Et la signature.

Quand la vente n'est pas terminée, la continuation est annoncée et les meubles sont toujours confiés au gardien.

Alors, le jour indiqué, le procès-verbal rappelle la remise énoncée en la clôture de la vacation précédente, et il est procédé comme nous l'avons dit.

Lorsqu'il ne reste plus rien à vendre, on fait une récapitulation du produit de chaque vacation, dont le total est toujours indiqué en toutes lettres.

Le procès-verbal est clos ensuite et cette clôture rapporte :

La déclaration faite par le notaire qu'il a été déposé entre ses mains une ou plusieurs oppositions à la remise des deniers de la vente, — ou qu'il n'a reçu aucune opposition,

S'il y a des oppositions, — la date de chacune, le nom de l'huissier qui l'a formée, les noms et demeures des opposants, le montant de la créance qui leur est due, — et l'annexe de ces oppositions,

L'heure de l'ouverture et celle de la clôture du procès-verbal,

Le nombre de vacations,

La déclaration par le gardien qu'il n'a plus rien à représenter,

La décharge donnée par les autres parties à ce gardien,

Enfin la lecture et la signature des parties, du gardien, des témoins et du notaire.

Voir *Formule*, Dict. Not.

§ 2. — Adjudication volontaire.

L'adjudication volontaire contient les mêmes conditions que la vente judiciaire. On comprend que toutes les formalités de procédure n'ont plus lieu, que le procès-verbal est tout simplement rédigé à la requête du vendeur qui donne ses noms, qualités et domicile, s'en déclare propriétaire ou en indique l'origine ;

Il ne peut y avoir de signification et par conséquent on ne pourrait procéder à la vente en l'absence d'un des vendeurs.

La déclaration préalable est également exigée pour les adjudications volontaires.

Les conditions sont les mêmes pour les ventes judiciaires ou volontaires ; les adjudications sont faites de la même manière et contiennent aussi : les noms et domiciles des acheteurs, — la désignation des objets vendus, le prix d'adjudication en toutes lettres.

Enfin la clôture se fait de même : le notaire énonce s'il y a ou non des oppositions et le nombre des vacations.

Comme il n'y a pas de gardien, on conçoit qu'il n'y a pas lieu d'en parler.

Voir *Formule*, Dict. Not.

§ 3. — Décharge de cette vente.

Quand tous les prix sont recouvrés, le notaire fait le compte de la vente mobilière pour en obtenir une décharge qui est nécessaire à cause de la responsabilité de l'officier public : en effet, les huissiers, commissaires-priseurs et notaires sont personnellement responsables du prix des adjudications, et cette responsabilité entraîne la contrainte par corps. (C N. 2000, C. pr. 655.)

L'acte de décharge contient :

Les noms, qualités et demeures des vendeurs.

Les noms du notaire,

Le compte rendu par celui-ci et qui se compose des recettes et des dépenses.

Les recettes comprennent le produit brut de la vente mobilière ;

Les dépenses comprennent les frais :

D'impression et d'apposition d'affiches,

D'insertion dans le journal,

De procès-verbal d'apposition dû à l'huissier,

Des vacations pour préparer à la vente,

Des hommes de peine qui ont aidé à ranger les objets,

Du gardien des meubles,

D'enregistrement du procès-verbal,

De timbre du procès-verbal (on en délivre rarement une expédition),

De timbre du compte,

D'enregistrement et d'honoraires du compte (quant aux honoraires de la vente, si on les porte en dépenses, il faut les porter aussi en recettes puisque ces horaires sont en sus du prix).

Des avoués pour frais d'ordonnance et autres,

On totalise ces frais et on les déduit des recettes pour connaître le reliquat net de la vente.

Les parties examinent le compte, et les pièces à l'appui ; elles l'approuvent et en fixent définitivement le reliquat.

Elles représentent ensuite la mainlevée des oppositions formées entre les mains du notaire, qui en énonce la date et l'enregistrement, puis il remet le montant du reliquat de la vente aux vendeurs, qui le reconnaissent et le quittent et déchargent de toutes choses relatives à cette vente.

Cette décharge peut sans contravention être mise à la suite du procès-verbal de vente et sur le même timbre. (Inst. gén. 4 janv. 1810.)

Il n'est dû qu'un droit fixe de 2 fr. (Loi du 28 avril 1816, art. 43, no 8).

Voir *Formule*, Dict. Not.

CHAPITRE II

Vente de fruits et récoltes.

Les récoltes en vert et les fruits pendants par branches et par racines peuvent être vendus à l'amiable ou aux enchères, malgré la prohibition de la loi du 6 mess. an III : cette loi, d'une nécessité momentanée, n'a jamais été abrogée, mais elle est tombée en désuétude, en quelque sorte, avec l'époque malheureuse qui l'avait vue naître.

Les fruits et récoltes sur pied sont vendus sans qu'il soit besoin d'avoir recours à une autorisation, judiciaire ou administrative.

La vente peut être faite à l'amiable ou par adjudication; elle est judiciaire quand elle a lieu par suite de succession, faillite, saisie, etc.

Dans tous les cas, l'enregistrement est de 2 0/0 sur le montant du prix de chaque acquéreur. (L. 22 frim. an VII, art. 69, § 5, n° 1.)

Nous allons dire quelques mots sur chaque espèce de vente de fruits.

SECTION PREMIÈRE

VENTE DE RÉCOLTES A L'AMIABLE.

Cette vente amiable ne nécessite aucune formalité, pas même la déclaration à l'enregistrement.

C'est une vente pure et simple contenant : les noms, qualités et demeure du vendeur,

Les garanties de troubles, saisies et revendication,

Les noms, qualités et domicile de l'acheteur,

Sa présence et son acceptation,

La désignation, la quantité et le lieu dit du terrain où se trouve la récolte, la nature de cette récolte, ou l'espèce des fruits,

La déclaration que la vente est faite sans réserve, — ou l'indication des réserves faites par le vendeur,

Les charges et conditions de la vente,

L'obligation par l'acquéreur de les exécuter, et notamment : — de faire la récolte en temps et saisons convenables selon l'usage du lieu ; — d'enlever les récoltes dans un délai determiné ; — de ne pouvoir faire paître aucun bétail dans le terrain avant les récoltes ; — de cueillir avec précaution et à la main les fruits, de façon à ne pas mutiler les arbres ; — enfin de payer les frais de la vente,

Le prix de la vente, — il est bon d'expliquer si la vente est faite à tant par hectare ou à forfait, en bloc et aux risques de l'acquéreur ; si le prix est fixé à tant par hectare, il faut, pour le connaître exactement, procéder à l'arpentage du terrain dans un certain délai,

La garantie ou la non-garantie par le vendeur des accidents survenant à la récolte, par suite de grêle, pluie, etc.,

Le payement du prix comptant et la quittance ou l'époque de payement et le taux de l'intérêt,

Les sûretés ou gages donnés par l'acquéreur en garantie de son prix,

Si ce sont des fruits à récolter dans un jardin ou enclos, le vendeur en donne la clef, qui doit lui être remise aussitôt après l'époque indiquée pour l'enlèvement de ces fruits, et il se réserve aussi le droit de surveiller la récolte.

Quant aux autres stipulations, qui varient suivant les circonstances, il nous est impossible de les prévoir ici ; — ces stipulations convenues entre les parties sont toujours expliquées par elles avant la rédaction de l'acte, il n'y a donc plus qu'à écrire en quelque sorte sous-la dictée des parties.

On termine par l'élection de domicile pour exécuter les conditions de l'acte.

Voir *Formule*, Dict. Not.

SECTION II

VENTE DE RÉCOLTES AUX ENCHÈRES.

On suit pour les adjudications de récoltes les mêmes règles que pour les ventes mobilières.

Le tarif du 5 nov. 1851 a alloué, pour les ventes aux enchères de fruits et récoltes et pour les coupes de bois taillis :

2 0/0 jusqu'à 10,000 fr.,
1/4 p. 0/0 sur l'excédant,
et 1 0/0 pour le recouvrement.

Il est interdit de prendre davantage, sous peine d'être suspendu, et, en cas de récidive, destitué.

Ces procès-verbaux énoncent :

La copie de la déclaration faite à l'enregistrement,

Les noms, qualités et demeure du vendeur,

Son intention de vendre divers fruits et récoltes,

L'apposition des affiches,

Les insertions dans le journal,

La date et le lieu de la vente,

La désignation des terrains chargés de récoltes, la contenance, le lieu dit, le territoire,

La nature des fruits et récoltes,

Le nombre de lots, la réunion de plusieurs pièces

en un seul lot, ou la division d'une grande pièce en plusieurs,

Les charges et conditions;

Le temps pendant lequel la récolte devra être faite,

La saison et la manière de couper et d'enlever,

La faculté ou l'empêchement de faire pâturer des bestiaux,

L'époque et la manière dont les fruits devront être cueillis,

Le mode de transport accordé pour enlever ces fruits et récoltes,

La défense d'ébrancher et mutiler les arbres, et de dégrader ou détériorer quoi que ce soit,

Les réserves faites par le vendeur,

Le payement comptant ou dans la huitaine des frais du notaire, honoraires, timbre, enregistrement, affiches, annonces, etc.,

L'époque de payement du prix, et l'endroit où le payement sera effectué,

Les intérêts stipulés;

L'adjudicataire fournit ou est dispensé de fournir caution;

Le défaut de caution entraînant ou non la résolution de la vente,

La folle enchère immédiate, et les peines contre l'adjudicataire,

La clause en cas de non-payement ou seulement de retard de payement,

L'élection de domicile pour le vendeur, les acquéreurs et les cautions,

La mise à prix de chaque lot,

La réquisition faite au notaire de recevoir les enchères et de procéder à l'adjudication,

La lecture des conditions et la signature du vendeur,

La réception des enchères et l'adjudication,

L'indication du lot vendu,

Les noms, qualités et demeure de l'acheteur,

Le prix de la vente,

L'obligation de payer et d'exécuter les charges,

L'élection de domicile quand l'acquéreur en fait une spéciale,

La lecture de l'adjudication et la signature de l'acquéreur,

La continuation de la vente, dont chaque lot contient les mêmes énonciations ;

Lorsqu'il y a une caution, l'acquéreur présente sa caution, dont il donne les noms, qualités et domicile, — le vendeur l'agrée, — alors la caution intervient et déclare se constituer volontairement garante solidaire de l'acquéreur et s'obliger solidairement avec lui au payement de son prix, en principal et intérêts, aux époques et de la manière déterminées, et ce, sans division ni discussion, — puis il fait de son côté une élection de domicile, entend la lecture de son cautionnement et signe.

L'adjudication terminée, on récapitule le montant des prix de chaque lot pour connaître le produit total de la vente.

Ensuite on fait la clôture du procès-verbal en constatant :

La date,

Le lieu où l'adjudication est faite,

Les noms, qualités et demeures des deux témoins instrumentaires,

La présence de ces témoins,

La lecture faite par le notaire,

La signature par le vendeur, les adjudicataires, les témoins et le notaire.

Nous avons dit plus haut que l'enregistrement était de 2 p. 0/0, sur les ventes de récoltes.

Mais lorsqu'il y a un cautionnement, il est dû un droit particulier de 50 centimes pour cent, outre le droit de vente. (L. 22 frim. an VII, art. 69, § 2, nº 8.)

Cette section ne comprend que l'adjudication volontaire, — nous dirons seulement que la vente judiciaire de récoltes demande absolument les mêmes formalités que les ventes judiciaires de meubles, — nous renverrons donc au ch. 1 du présent titre, sect. II, § 1er, pour les diverses procédures prescrites;

Quant au corps du procès-verbal, comme les conditions, l'adjudication, le payement du prix et les autres stipulations habituelles ne varient pas, que la vente soit volontaire ou judiciaire, les énonciations ci-dessus sont communes aux deux espèces; il est donc complétement inutile de les rappeler.

Voir *Formule*, Dict. Not.

CHAPITRE III

Vente de coupes de bois.

Les ventes de coupes de bois sont en quelque sorte des ventes de récoltes, aussi sont-elles en la même forme, soumises aux mêmes règles, et asujetties au même droit d'enregistrement, et donnent lieu, comme nous l'avons vu au chapitre précédent, aux mêmes honoraires proportionnels.

Les surenchères autrefois permises en matières de ventes de bois, de même que la renonciation facultative de l'acquéreur, ont été abolies par la loi du 4 mai 1837 modifiant l'art. 25 du Code forestier.

« Toute adjudication sera définitive du moment où » elle sera prononcée, » dit cet article, « sans que, » dans aucun cas, il puisse y avoir lieu à suren- » chère. »

Depuis, toute clause de renonciation ou de surenchère a été supprimée des ventes aux enchères.

Les ventes de coupes de bois sont faites à l'amiable ou par adjudication.

§ 1. — Vente à l'amiable.

Elle énonce :

Les noms, qualités et demeure du vendeur,

La garantie des troubles et empêchements,

Les noms, qualités et demeure de l'acquéreur,

Sa présence et son acceptation,

La désignation de la coupe de bois,

L'année de la coupe,

La nature : taillis, haute futaie, etc.,

L'essence dominante des arbres : chênes, peupliers, ormes, etc.,

La situation, le lieu dit et le canton,

Le territoire,

La quantité en superficie,

L'époque où l'arpentage devra être fait, s'il en est fait un pour avoir la superficie exacte,

Les réserves faites par le vendeur,

Le nombre, la grosseur et l'essence des arbres réservés,

La déclaration de non exception ni réserve autres que celles exprimées spécialement,

La date de l'entrée en jouissance,

Le delai donné pour l'exploitation,

Le jour où on pourra la commencer,

Les charges et conditions,

La promesse par l'acquéreur de les exécuter,

La manière dont l'exploitation sera faite, d'après les lois et ordonnances sur les forêts,

L'interdiction de commencer avant d'avoir procédé contradictoirement avec le vendeur ou son garde, à la reconnaissance des réserves,

Le temps où l'abattage devra être fait et la vidange exécutée,

Les chemins où les voitures passeront,

L'indemnité fixée en cas d'inexécution, et dommages-intérêts en cas de dégradation,

Les frais à la charge de l'acquéreur,

Le prix à tant par hectare ou en bloc à forfait,

Les époques et l'endroit de payement,

L'élection de domicile.

Voir. *Formule*, Dict. Not.

§ 2. — Adjudications de coupes de bois,

On relate :

La copie de la déclaration préalable à l'enregistrement,

Les noms, qualités et demeure du vendeur,

Son dire pour expliquer son intention de vendre, le jour fixé pour la vente, les insertions dans les journaux, l'apposition des affiches,

La réquisition faite au notaire d'établir les charges et conditions,

La désignation de la coupe à vendre,

La contenance, le lieu dit, le territoire de chaque lot,

La nature de la coupe, chablis, taillis, futaie, etc.,

L'espèce dominante des arbres,

Les tenants et les aboutissants,

L'indication des réserves faites par le vendeur sur chaque lot,

Le nombre, l'essence et l'âge approximatif des baliveaux réservés,

La marque du marteau destinée à reconnaître les réserves,

L'établissement des autres lots avec les mêmes indications pour chacun,

Les conditions générales à la charge des acquéreurs,

L'obligation de fournir caution et certificat de caution,

Le délai pour fournir le cautionnement,

La peine pour l'acquéreur ne fournissant pas de caution,

Les frais à payer en sus du prix pour honoraires du notaire, mesurage des lots, balivage, martelage, de timbre et d'enregistrement, d'impression et d'apposition d'affiches, d'extraits aux acquéreurs et de grosse pour le vendeur,

Le délai de payement des frais,

La peine en cas de non-payement des frais,

Le délai pour payement du prix,

Les époques de payement de chaque fraction,

L'endroit où le payement devra être effectué,

La personne qui recevra les fonds, le vendeur, son fondé de pouvoirs ou un délégataire,

Les espèces qui seront acceptées en payement, or, argent ou billets de banque,

La souscription de lettres de change pour le montant du prix, payables aux lieux et époques fixées pour le payement, et revêtues de l'aval de la caution et du certificateur de caution,

La déclaration que ces lettres de change ne feront qu'un seul et même titre avec le procès-verbal d'adjudication, et que l'acquit vaudra libération du prix;

La stipulation de non-intérêt jusqu'à chaque échéance et des intérêts en cas de non-payement, à partir de l'exigibilité,

Le taux de ces intérêts,

L'époque du réarpentage devant fixer définitivement le prix,

L'indication de l'arpenteur qui fera ce mesurage et des personnes en présence desquelles il sera fait,

Celui qui en payera les frais,

L'époque de payement de la différence du prix par le vendeur ou l'acquéreur, si l'arpentage révèle un excédant ou un déficit de contenance,

Les risques de l'acquéreur qui pourra ou non réclamer d'indemnité pour raison de chemin, clairière ou vide,

La justification à faire au vendeur ou à son garde, avant de commencer l'exploitation, d'avoir satisfait à toutes les conditions, et notamment d'avoir payé les frais, souscrit la lettre de change, reconnu les réserves, etc.,

L'époque où l'abattage des arbres devra être terminé et la vidange effectuée,

Les chemins où les charrois seront faits,

La manière dont les arbres seront abattus : à la cognée, à la scie, au niveau du sol,

Les soins à prendre pour éviter les dégâts dans la chute des arbres,

La faculté ou l'interdiction de faire du charbon dans les coupes, et les lieux où le charbon pourra être fait,

La défense de travail nocturne,

L'obligation par les adjudicataires de laisser les chemins libres dans les coupes, pour que les voitures y puissent passer, de réparer et rétablir les chemins, ponts, bornes, barrières, rigoles et talus, et toutes les dégradations occasionnées par l'exploitation et la vidange,

La défense ou permission de toucher au chablis,

Les amendes et indemnités auxquelles donneront lieu les dommages causés aux pieds cormiers, parois, lisières, baliveaux, et toutes les infractions et destructions du fait de l'adjudicataire ou de ses gens,

Le récolement à faire pour apprécier le dommage,

L'obligation par les acquéreurs de se conformer aux lois et règlements en matière forestière,

Les charges particulières à chaque lot, comme de faire un fossé, défricher complétement, ou sur une ligne donnée pour faire un chemin, — et, dans ces cas, la largeur et la profondeur du fossé, la largeur du chemin, etc., etc.

L'évaluation de ces charges particulières pour la perception du droit d'enregistrement,

Le mode d'adjudication : au rabais ou à l'enchère, à l'extinction des feux, ou autrement,

La faculté réservée par le vendeur de retirer le lot ne montant pas à sa valeur,

L'élection de domicile par le vendeur, les adjudicataires et les cautions,

La mise à prix de chaque lot,

La réquisition de procéder à l'adjudication,

La lecture au vendeur et sa signature.

La mise en vente et l'adjudication de chaque lot,

L'indication du lot mis en vente,

Le montant de la mise à prix,

Le montant de la dernière enchère ou du dernier rabais,

Les noms, qualités et demeure de l'adjudicataire,

La proclamation de l'adjudication par le notaire, du consentement du vendeur,

La présence et l'acceptation de l'acquéreur,

Le prix de l'adjudication,

L'obligation par l'adjudicataire de le payer et d'exécuter toutes les charges,

L'élection de domicile faite par ce dernier,

La lecture de l'adjudication et la signature de l'adjudicataire,

L'adjudication des autres lots de la même manière que le premier,

La récapitulation des prix et le total,

Et la clôture du procès-verbal que le vendeur et les acquéreurs signent.

Le cautionnement et le certificat de caution se font par acte séparé, comme nous allons le voir sous le paragraphe suivant.

Voir *Formule*, Dict. Not.

§ 3. — Cautionnement et certificat de caution.

Cet acte se fait sur un timbre séparé de l'adjudication et rapporte :

Les noms, qualités et domicile de l'adjudicataire,

Les noms, qualités et domicile de la caution et du certificateur,

La communication prise par ces derniers du procès-verbal,

La date de ce procès-verbal, qui doit être enregistré,

Les noms du vendeur,

L'indication des lots adjugés au comparant,

Le prix de cette adjudication,

La déclaration que l'un entend cautionner l'acquéreur, et l'autre certifier la solvabilité de la caution,

L'obligation solidaire, entre l'acquéreur et ses caution et certificateur, de payer le prix de l'adjudication et d'exécuter les charges imposées par le procès-verbal de vente,

L'élection de domicile faite par les caution et certificateur,

Et la clôture de l'acte où l'acquéreur et ses cautions signent.

Cet acte donne ouverture à deux droits :

L'un de cautionnement de 50 centimes p. 100 (L. du 22 frim. an VII, art. 69, § 2, n° 8),

Et l'autre, de certificat de caution, est un droit fixe de 2 francs. (Loi du 28 avril 1816, art. 43, n° 6.)

Voir *Formule*, Dict. Not.

CHAPITRE IV

Des ventes de fonds de commerce.

Les ventes de fonds de commerce comprennent ordinairement :

La clientèle ou l'achalandage,

Les meubles meublants et les outils et ustensiles divers servant à son exploitation,

Les marchandises garnissant le magasin,

Et le droit au bail des lieux où il s'exploite.

Les fonds de commerce étant meubles, la vente n'est qu'une espèce particulière de vente de meubles.

Le droit d'enregistrement est toujours de 2 fr. p. 100 sur le prix d'acquisition, achalandage et marchandises. (Inst. gén., 20 septembre 1831, n° 1381, § 1. — Trib. Paris, 12 décembre 1832 et 21 mars 1839.)

Il est donc inutile d'indiquer distinctement le prix de la clientèle et celui des objets mobiliers.

Nous allons parler :

De la vente amiable,

De l'adjudication volontaire,

Et de l'adjudication judiciaire.

§ 1. — Vente à l'amiable.

Cette vente indique :

Les nom, prénoms, qualités et domicile du vendeur,

L'obligation qu'il prend de garantir de tous troubles, saisies, revendications et autres empêchements,

Les nom, prénoms, qualités et domicile de l'acquéreur,

Sa présence et son acceptation,

La désignation du fonds vendu : la nature du commerce, la rue et l'endroit où il est situé, l'enseigne sous laquelle il est connu,

La consistance de ce fonds,

L'achalandage ou la clientèle y attachée,

Les ustensiles servant à son exploitation, — ces ustensiles sont ordinairement détaillés en un état séparé, dressé sur une feuille de papier au timbre de 50 c.,

L'annexe de cet état, certifié véritable par les parties,

La déclaration de non-exception ni réserve,

Le jour de l'entrée en jouissance,

Les charges et conditions de la vente,

L'obligation par l'acquéreur de les exécuter, et notamment :

1o De prendre le fonds dans l'état où il est, ainsi que les ustensiles et meubles,

2o De ne pouvoir réclamer d'indemnité pour vétusté, dégradation ou quelque autre cause,

3o De payer les frais de l'acte,

4o De payer les impôts mobiliers, la patente et autres, à partir de l'entrée en jouissance ou d'une époque convenue,

5o De satisfaire à toutes les charges de ville et de police dont l'exploitation est tenue;

Le prix de la vente pour l'achalandage et pour les ustensiles d'après l'estimation de l'état,

La quittance, si le prix ou une partie du prix est payée comptant,

Les époques de payement,

L'endroit et la manière dont le payement devra être fait,

La personne qui recevra : le vendeur ou son délégataire,

Le taux des intérêts,

Le jour où ils commenceront à courir,

Les époques où ils devront être payés,

L'interdiction par le vendeur de former ou faire valoir, même indirectement, un fonds de commerce semblable dans l'étendue de la ville et d'un rayon déterminé,

Le chiffre des dommages-intérêts que le vendeur devrait dans le cas où il s'établirait au mépris de la clause,

Le temps que durera l'interdiction,

L'affectation par privilége du fonds de commerce, pour garantie du prix,

L'exigibilité de plein droit à défaut de payement d'un seul terme du prix,

Les formalités à remplir pour rendre tout le prix exigible, souvent un simple commandement suffit,

L'obligation par l'acquéreur de prendre toutes les marchandises se trouvant dans la boutique et les magasins,

La fixation par des experts du prix de ces marchandises,

Le choix des experts,

La faculté par eux de s'en adjoindre un troisième en cas de désaccord,

L'époque de payement du montant de cette estimation,

Le taux des intérêts,

Le transport du bail, des lieux occupés par le fonds de commerce,

L'acceptation de ce transport par l'acquéreur,

La désignation succincte des lieux loués,

Le temps pour lequel le transport est fait, ordinairement le temps qui reste à courir,

L'époque de la jouissance,

Les noms, qualités et domicile du bailleur,

La date de ce bail et le nom du notaire qui l'a reçu, ou la mention littérale de l'enregistrement si le bail est sous seing privé,

La durée du bail,

L'époque du commencement,

Le montant du loyer annuel,

Le mode de payement,

Les conditions et charges imposées au locataire,

Les clauses du transport de bail, et l'obligation par l'acquéreur de les exécuter,

L'acquit exact des loyers à leur échéance,

La promesse de satisfaire à toutes les charges du bail dont l'acquéreur doit avoir connaissance,

La lecture qui lui est faite du bail,

Le remboursement par le preneur à son vendeur de la portion des loyers que ce dernier peut avoir payée d'avance,

La quittance par le vendeur,

La remise de l'expédition ou d'un double du bail et d'un état des lieux à l'acquéreur qui le reconnaît,

L'obligation par l'acquéreur, s'il venait à se marier, de rapporter l'engagement solidaire de sa femme, tant pour le payement du prix que pour l'exécution du bail,

L'élection de domicile.

Dans l'intérêt de l'acquéreur, il est important de faire insérer la vente dans un journal de la localité, et de ne remettre les sommes payées comptant que 10 jours après la publication, s'il n'a pas été formé d'opposition.

L'enregistrement est de 2 p. 0/0 pour la vente, comme nous l'avons déjà dit.

Mais il peut y avoir : cautionnement, transport de bail et autres clauses donnant lieu à un droit spécial.

Voir *Formule*, Dict. Not.

§ 2. — Adjudication de fonds de commerce.

Cette adjudication se fait en deux parties : la première se compose du cahier d'enchères, et la seconde comprend spécialement le procès-verbal d'adjudication.

Elle peut être amiable ou judiciaire. Les conditions et les dispositions principales du corps de l'acte sont les mêmes dans les deux cas; seulement l'adjudication judiciaire est précédée de certaines formalités de procédure que nous avons indiquées pour les adjudications judiciaires de meubles. Vid. *supra*, ch. 1.

Bien que les fonds de commerce soient considérés comme meubles, les notaires seuls ont le droit de les vendre aux enchères publiques, parce que ce sont des meubles incorporels et non point des effets mobiliers, susceptibles d'une transmission manuelle, comme ceux que les commissaires-priseurs, huissiers et greffiers ont le pouvoir de vendre.

Art. 1. — Cahier d'enchères.

Le cahier d'enchères contient :

Les noms, prénoms, qualités et domicile des vendeurs,

Le désir exprimé par le vendeur, ou l'autorisation du tribunal de vendre aux enchères le fonds de commerce,

La publication, les affiches, insertions,

Les diverses formalités remplies,

La réquisition faite au notaire d'établir les charges et conditions de la vente,

La désignation des objets à vendre,

La nature et la situation du fonds de commerce,

Le détail des ustensiles et objets mobiliers servant à son exploitation, — cependant il vaut mieux faire ce détail sur une feuille de timbre séparée,

Les marchandises se trouvant en magasin,

Le droit au bail,

L'époque de l'entrée en jouissance,

Les charges et conditions,

La non-garantie pour raison de mauvais état des objets vendus,

L'obligation par l'acquéreur d'acquitter les contributions personnelles, mobilières et de patente, et de satisfaire aux charges de ville et de police,

Les époques de payement du prix,

Les intérêts dont il est productif,

L'endroit où le payement sera fait,

Les espèces qui seront reçues,

La réserve de privilége sur le fonds pour garantie du payement,

La faculté par l'adjudicataire d'élire command, en restant garant solidaire de son command,

La faculté par les vendeurs de demander bonne et solvable caution à l'acquéreur,

Le délai dans lequel la demande de caution devra être faite,

Le payement immédiat ou dans la huitaine des frais d'adjudication, honoraires, timbre, enregistrement, affiches, annonces, publication, etc.,

La faculté par les vendeurs de revendre sur folle enchère en cas de non-payement ou de défaut d'exécution des conditions,

La manière dont la revente pourra être faite,

L'indication de bénéfice pour les vendeurs, si le prix de la folle enchère est supérieur à celui de l'adjudication, — s'il est inférieur, le fol enchéri paye la différence,

L'attribution de juridiction d'un tribunal quelconque,

L'élection de domicile pour les vendeurs,

Le mode de procéder à l'adjudication,

Le nombre de feux,

Le chiffre de la mise à prix pour le fonds, l'achalandage, les ustensiles et le droit au bail,

Le chiffre minimum des enchères,

L'expertise par deux experts choisis par les parties ou par le tribunal,

L'adjonction d'un troisième en cas de désaccord,

Les époques du payement du prix de ces marchandises, — époques qui sont habituellement les mêmes que pour le prix du fonds,

Les énonciations du bail, la durée, la désignation des lieux loués, le prix, le nom du bailleur et les différentes charges, ainsi que la date du bail et le nom du notaire qui l'a reçu ou la mention d'enregistrement,

La fixation du jour de l'adjudication,

L'heure et le lieu où elle sera faite,

L'enregistrement de ce cahier d'enchères quand il est séparé du procès-verbal d'adjudication est un droit fixe de 2 francs. (L. 22 frim. an VII, art. 68, § 1, nº 51 et du 18 mai 1850.)

Voir *Formule*, Dict. Not.

Art. 2. — Procès-verbal d'adjudication.

On commence par transcrire la copie de la déclaration de vente, faite à l'enregistrement comme nous l'avons déjà vu au ch. Ier.

On indique ensuite :

La date du procès-verbal, le lieu et le jour,

Les noms, prénoms, qualités et demeures des vendeurs,

L'intention de vendre — ou les diverses formalités accomplies pour parvenir à la vente, les autorisations et jugements obtenus, leur date, les sommations faites aux parties en cas de vente judiciaire,

L'apposition des affiches,

Les insertions au journal,

La réquisition de vente,

La réception des enchères par le notaire,

Le montant de la mise à prix,

Les feux allumés,

Le chiffre de le dernière enchère,

Les noms, qualités et demeures de l'enchérisseur,

L'extinction de deux bougies sans enchères,

L'adjudication prononcée au profit du dernier enchérisseur,

Sa présence et son acceptation,

Le prix de l'adjudication,

L'obligation par l'adjudicataire de payer le prix et d'exécuter les conditions imposées par le cahier des charges.

S'il y a caution, on relate :

Les noms, qualités et demeure de la personne qui se porte caution.

Sa présence et son intervention,

Sa déclaration de se rendre caution et répondant solidaire de l'adjudicataire, et de s'obliger, solidairement avec lui, au payement du prix de l'adjudication ainsi que de celui qui sera fixé par les experts pour les marchandises, le tout aux époques et de la manière déterminées au cahier des charges;

S'il y a un payement comptant, on en déclare le chiffre et on en donne quittance.

On indique ensuite :

La remise des titres, comme :

L'état des lieux,

Les avertissements de contribution et de patente, et les quittances de l'année,

Les expéditions ou originaux de baux,

La somme payée pour les contributions à compte sur l'année courante ou, si l'on aime mieux, la somme restant due,

La lecture et la clôture du procès-verbal, avec signature de toutes les parties, venderesses, adjudicataires, caution, témoins et notaire.

L'enregistrement est de 2 0/0 sur le prix augmenté des charges — et de 50 cent. 0/0 sur le cautionnement.

Voir *Formule*, Dict. Not.

Art. 2. — Procès-verbal de remise.

Il arrive souvent que l'adjudication annoncée pour un jour, ne réussit pas ce jour et est remise ; alors le procès-verbal se fait de la même manière que le précédent, moins l'adjudication, qui se remplace par :

L'extinction des bougies sans aucune enchère,

La réquisition des parties à fin de remise,

Le jour indiqué pour la remise, — ou le renvoi à un jour qui sera fixé ultérieurement,

Et la clôture.

L'enregistrement est de 2 francs fixe, comme acte innomé, (Loi du 22 frim. an VII, art. 68, § 1, n° 51, et loi du 18 mai 1850.)

Voir *Formule, ibid.*

CHAPITRE V

Des ventes ou cessions d'actions de commerce.

Les actions de commerce qui n'ont pas été créées négociables par voie d'ordre ou au porteur ne peuvent être transportées que par un acte de cession, lequel n'est en réalité qu'une vente.

Cette vente est faite d'après les règles des ventes mobilières, puisque les actions sont meubles alors même que des immeubles dépendraient de la société.

Dans cet acte, on énonce :

Les noms, qualités et demeure du vendeur,

L'obligation par celui-ci de garantir de toutes saisies, revendications et autres empêchements,

Les noms, qualités et domicile de l'acquéreur ou cessionnaire,

Sa présence et son acceptation,

Le nombre et l'espèce d'actions cédées,

La valeur de chaque action,

Sa nature nominative ou autre,

Le numéro et la série de chaque action,

Le chiffre de l'émission et la somme versée,

La nature de la société,

Son objet, sa forme et la raison sociale,

La date de l'acte constitutif et le nom du notaire qui la reçu,

La date de l'autorisation administrative, s'il en a été accordé une,

La durée de la société,

L'époque où elle a commencé,

Le siége de la société,

Les clauses relatives aux ventes d'actions,

Les intérêts et dividendes produits par chaque action,

La propriété en la personne du vendeur, s'il a eu les actions au moment de l'émission ou s'il les a achetées d'un fondateur,

L'époque de jouissance,

Les charges de la cession,

L'obligation par le cessionnaire de les exécuter,

Le payement, par ce dernier, des frais de vente,

La signification au siége de la société,

Le payement des frais de cette signification.

L'exécution des obligations imposées aux actionnaires en vertu de l'acte de société,

La déclaration que l'acquéreur a pris connaissance dudit acte de société,

Le prix de la vente,

Les époques de payement,

Le lieu où le payement sera effectué,

Le mode de payement,

Le taux des intérêts,

Le jour du départ de ces intérêts,

La quittance, dans le cas où le prix ou une partie du prix est payé comptant,

La remise des titres comprenant ordinairement l'expédition de l'acte de société, et de l'acte de cession, si l'action vendue provient d'une vente et non de l'émission,

La date de chaque pièce remise,

Le nom du notaire qui l'a reçue,

La nature de chaque titre,

La reconnaissance par le cessionnaire de la remise de ces pièces,

L'élection de domicile.

L'enregistrement a été fixé, pour les cessions d'actions mobilières, au droit de 50 centimes pour 100 fr. (L. 22 frim. an VII, art, 69, § 2, n° 6) mais il faut que les actions soient négociables et transmissibles par endossement, sans conférer aucun droit de propriété.

Si, au contraire, il en résulte un droit de copropriété dans l'entreprise, la cession est considérée comme vente de meubles, et soumise au droit de 2 0/0. (Même loi, art. 69, § 5, n° 1.)

Cette dernière perception a été combattue ; — ainsi il a été jugé que la cession, par un associé commanditaire, d'une portion d'intérêts dans la société, ne devait être passible que du droit de 50 cent. p. 100. (Versailles, 9 mai et 31 juillet 1833, — Cass. 16 juillet 1845.)

Voir *Formule*, Dict. Not.

CHAPITRE VI

Des cessions de brevet d'invention.

Tout brevet d'invention ou de perfectionnement est un droit qui peut faire l'objet d'une vente totale ou partielle.

Ce droit a été déterminé par la loi du 5 juillet 1844.

L'acte de cession doit relater :

Les noms de l'inventeur,

La garantie de la cession,

Les noms, profession et demeure du cessionnaire,

Sa présence et son acceptation,

La désignation du brevet cédé,

La date et le n° du brevet,

Sa nature,

La clause de non-exception ni réserve,

L'entrée en jouissance,

Les conditions de la cession,

L'exécution des charges et obligations imposées par le décret ou l'ordonnance accordant le brevet,

Le payement des droits de patente et autres relatifs à l'exploitation du brevet,

Le payement des frais d'actes,

L'obligation par le cessionnaire d'exécuter ces conditions,

Le prix de la cession,

Le payement du prix — et la quittance,

L'époque de payement, — le taux des intérêts, — le mode et l'endroit où le payement sera exécuté,

L'obligation par le cédant de renoncer à exploiter le brevet à l'avenir,

Le pouvoir de signifier donné au porteur d'un extrait,

L'élection de domicile.

Comme pour toutes les cessions mobilières, le droit d'enregistrement est de 2 fr. pour 100 fr. (Loi du 22 frim. an VII art. 69, § 5, n° 1.)

Voir *Formule*, Dict. Not.

CHAPITRE VII

Des ventes de propriété littéraire.

Une œuvre littéraire est une propriété, rangée dans la classe des meubles incorporels et comme ceux-ci susceptible d'être vendue, cédée en totalité ou en partie.

Ces ventes se font comme les ventes de meubles incorporels, en indiquant :

Les noms, qualités et demeure de l'auteur,

La garantie de la vente,

Les noms, qualités et demeure de l'éditeur,

Sa présence et son acceptation,

Le titre de l'ouvrage manuscrit composé ou à composer,

Le format du livre,

Le nombre de volumes,

La remise du manuscrit à l'éditeur,

La reconnaissance de cette remise par celui-ci,

Les conditions de la vente,

Le prix fixé pour chaque volume,

Le nombre d'exemplaires à tirer pour l'édition,

L'obligation par l'auteur de corriger les épreuves et donner le bon à tirer,

Le nombre d'exemplaires qui sera remis à l'auteur,

La réserve faite par l'auteur pour les éditions futures,

L'obligation par l'éditeur de supporter tous les frais d'impression, tirage, publication, prospectus et annonces,

Le prix de la vente du manuscrit,

L'époque et la manière de payement du prix,

La réserve du privilége de l'auteur sur les exemplaires imprimés,

La résiliation de la vente en cas de non-payement d'une portion du prix à échéance,

La stipulation que les sommes payées seront, dans ce cas, conservées par l'auteur à titre d'indemnité et le dommages-intérêts,

Le nom de celui qui payera les frais,

L'élection de domicile.

Souvent à ces indications on ajoute :

Le délai dans lequel l'impression devra être terminée,

La nature et la qualité du papier,

La grosseur et la forme des caractères.

Si l'ouvrage n'est pas composé entièrement, il faut indiquer le délai dans lequel le manuscrit complet devra être livré, et le nombre de volumes que l'ouvrage formera.

L'enregistrement est de 2 p. 100 pour la vente d'une œuvre littéraire composée, considérée comme cession mobilière (Déc. min. des fin. 19 octobre 1821),

Et de 50 centimes p. 0/0 seulement pour l'obligation de composer un ouvrage. (Loi du 7 août 1850).

Voir *Formule*, Dict. Not.

CHAPITRE VIII

Des ventes d'office.

La loi du 28 avril 1816 a reconnu le principe de la vénalité des offices ; les offices sont des meubles incorporels dont la propriété est transmissible à volonté, sauf, bien entendu, le contrôle de l'administration supérieure.

Tout candidat qui se présente pour succéder à un officier ministériel doit fournir :

Une supplique à Son Exc. le garde des sceaux, pour être proposé à la nomination de Sa Majesté,

La démission du titulaire avec présentation du candidat, — ou l'acte de décès du titulaire et l'autorisation homologuée du conseil de famille,

Le traité fait avec le titulaire,

Un tableau du produit des actes pendant les cinq dernière années,

Les certificats constatant le stage,

Les certificats des anciens patrons du candidat constatant sa moralité,

Le certificat de moralité et de capacité délivré, après examen et enquête, par la chambre des notaires,

La copie de l'acte de naissance du candidat,

Un certificat de libération militaire,

Un certificat de bonnes vie et mœurs délivré par le maire de la résidence du candidat,

Un certificat délivré par le même maire et constatant la jouissance des droits civils, civiques et politiques,

Un extrait du casier judiciaire du candidat. Un certificat constatant que le candidat n'exerce aucune fonction incompatible avec le notariat.

Toutes ces pièces doivent être timbrées et légalisées.

Nous ferons observer ici que les parquets ne sont pas d'accord sur les pièces à fournir : les uns réclament des pièces que les autres rejettent comme inutiles; ainsi certains parquets exigent une déclaration de dévouement au gouvernement impérial, certains autres la repoussent quand elle se trouve dans les pièces ; — les uns veulent que la supplique au garde des sceaux soit faite à l'Empereur ; — d'autres demandent que la démission du titulaire et la présentation du candidat à l'agrément de Sa Majesté soient l'objet de deux pièces séparées; — il en est qui veulent que l'état des produits s'arrête au 31 décembre de l'année précédente, sans faire aucune division d'années, tandis que leurs voisins n'admettent que des états allant jusqu'au jour du traité, etc.

On voit qu'il est difficile de compléter d'avance toutes les pièces, puisque l'on ne sait pas celles qui seront demandées ni la manière dont elles devront être faites : le plus simple est de demander au procureur impérial la liste des pièces à produire et le modèle du tableau des produits, qui change de forme selon le désir de chaque magistrat.

L'acte de cession contient les éléments suivants :

Les noms, qualités et domicile du titulaire,

Les noms, qualités et domicile du candidat,

La présence et l'acceptation de celui-ci,

La garantie du cédant,

L'indication de l'office cédé,

Sa nature : notaire, huissier, avoué, greffier, commissaire-priseur, ou avocat à la Cour de cassation,

La résidence,

La clientèle,

Les minutes,

Les recouvrements,

Les casiers, bureaux, chaises, et objets mobiliers,

La désignation de ces objets ou l'annexe de l'état qui en contient la description,

L'entrée en jouissance, ordinairement fixée au jour de la prestation de serment,

L'obligation par le titulaire de donner sa démission en faveur du candidat,

Les charges et conditions,

L'obligation par l'acquéreur de les exécuter,

La promesse par celui-ci de verser le cautionnement,

La délivrance gratuite des expéditions ou extraits des actes dont les frais sont payés au cédant,

Les honoraires en second réservés par le vendeur, ou accordés au cessionnaire,

Le récolement à faire des minutes et répertoires,

L'époque de la confection de ce récolement,

La remise des testaments et actes de donations,

Le prix de la vente, distinction faite des objets mobiliers ; — cette distinction n'est pas utile pour l'enregistrement, mais est demandée par la chancellerie, pour connaître le prix exact de l'office,

Les époques de payement, — les payements comptants n'auront lieu qu'après la prestation de serment,

Le taux des intérêts, et le jour de leur départ,

L'échéance de ces intérêts,

Le mode de payement,

Les espèces qui seront acceptées,

Le lieu où le payement sera effectué,

Les noms de la personne qui recevra, vendeur ou créancier délégataire,

La faculté d'anticiper, en prévenant ou sans prévenir d'avance,

Le terme avant lequel on ne pourra anticiper,

Le temps qu'il faudra prévenir pour rembourser d'avance,

Les garanties données par l'acquéreur, cautionnement, hypothèques, etc.,

Les noms, qualités et demeure de celui qui se porte caution,

Sa présence,

Sa déclaration de se rendre caution solidaire de l'acquéreur et de s'obliger solidairement avec lui au payement du prix,

La désignation des biens hypothéqués,

La nature de ces biens,

Leur contenance,

Le lieu dit et le territoire,

Les circonstances et dépendances,

Les tenants et aboutissants,

La propriété très-sommaire de ces biens,

La convention de résolution sans indemnité de part ni d'autre, dans le cas où le candidat ne serait pas admis.

Le payement des frais par l'acquéreur,

L'enregistrement est de 2 0/0 sur les prix et les charges, (Loi du 25 juin 1841, art. 7),

De 0 fr. 50 c. p. 0/0 sur le prix des recouvrements

cédés, puisque ce n'est qu'une cession de créance. (Loi 22 frimaire an VII, art. 69, § 2, n° 6).

De 0 fr. 50 c. 0/0 pour le cautionnement, (Loi 22 frim. an VII, art. 69, § 2, n° 8.)

Toutes les fois que la cession n'a pas été suivie d'effet, les droits d'enregistrement sont restitués.

La restitution a lieu sur la demande faite dans le délai de deux ans à partir du jour de l'enregistrement. (Loi du 6 juin 1841, art. 14.)

La demande est appuyée par une simple lettre du procureur impérial constatant que la nomination n'a pas eu lieu; cette lettre n'a pas besoin d'être timbrée, bien que les receveurs soient assez portés à retenir 35 ou même 70 centimes (aujourd'hui 50 c. ou 1 fr.) pour le timbre. (Instruct. de la Régie du 22 octobre 1842.)

Il y a également lieu à restitution si le prix du traité a été réduit, et dans ce cas le délai de deux ans ne court que du jour de l'enregistrement de l'acte constatant cette réduction (Tribunal de Londéac, 29 juin 1850.)

Nous engageons les candidats à mettre dans les traités le prix entier, à ne rien dissimuler, — et surtout à ne faire aucune contre-lettre pour augmenter le prix ostensible porté au traité ou pour s'obliger à payer la somme réduite par la chancellerie.

Ces contre-lettres, preuves de la fausseté du traité, sont contraires à l'ordre public, et, comme telles, sont impitoyablement repoussées par les tribunaux. (Cass. 30 juillet, et août 1844.)

Lorsqu'il y a des doutes sur la sincérité du prix porté au traité, il arrive quelquefois que l'administration exige le serment des parties contractantes, pour arriver à connaître le véritable chiffre bien qu'une circulaire ministérielle du 5 fév. 1840 ait repoussé ce serment.

On conçoit qu'il est dangereux d'entrer dans le notariat par une pareille voie, qui peut amener une peine très-rigoureuse, la destitution, contre tout signataire d'une contre-lettre.

On sait que les titulaires, qui ont souvent plusieurs candidats demandant leurs offices, exigent des promesses que l'on fait dans le désir d'un établissement convenable; — mais, malgré la perspective d'une position honorable, nous rejetons toutes promesses et contre-lettres qui peuvent avoir de si déplorables résultats.

Enfin celui qui a signé une contre lettre se trouve dans une triste alternative : — s'il exécute la promesse, il contrevient à la loi, — et d'un autre côté, s'il respecte la loi, il viole sa promesse.

D'une part comme de l'autre, c'est toujours regrettable : il n'est aucun moyen de sortir honorablement de ce mauvais pas dès qu'on y est entré.

Voir *Formule*, Dict. Not.

CHAPITRE X

Des marchés pour fournitures et entretiens.

Les marchés pour fournitures et entretien peuvent s'appliquer à toute espèce de choses mobilières et immobilières.

C'est, en quelque sorte, un louage d'ouvrage, avec obligation de fournir différents objets ou marchandises.

Ce marché contient :

Les nom, prénoms, profession et domicile du locateur ou propriétaire,

Les nom, prénoms, profession et domicile du preneur, ou de celui qui s'oblige,

Les objets que celui-ci s'oblige d'entretenir,

La nature et la quantité de ces objets,

L'importance des fournitures à faire, leur espèce et leur qualité,

Le temps pour lequel le marché est conclu,

L'époque où le marché a commencé et l'époque où il cessera,

L'époque où chaque objet devra être fourni,

La peine, ou les dommages-intérêts à payer en cas de retard dans la livraison ou de mauvaise qualité dans la fourniture,

La manière dont sera faite la réception des travaux,

La vérification des fournitures et entretiens,

Le prix du marché, à forfait ou pour chaque objet,

Les époques de payement du prix en principal et intérêts,

Les garanties données pour sûreté du payement du prix,

La nomination d'arbitres pour juger les difficultés pouvant survenir,

La part de chacun dans les frais d'acte,

L'élection de domicile.

L'enregistrement est de 50 centimes par 100 fr. sur le prix du marché (Loi du 7 août 1850, art. 1),

Et 2 0/0 si le marché contient vente et promesse de livrer (L. 22 frim. an VII, art. 61, § 3, n° 1).

Voir *Formule*, Dict. Not.

TITRE SIXIÈME

DES ACTES CONCERNANT LES CRÉANCES

CHAPITRE PREMIER

Des obligations.

On appelle obligation, en notariat, les actes constatant un prêt, un placement d'argent et toutes les reconnaissances de sommes.

Pour souscrire une obligation il faut être capable de contracter ; ainsi les mineurs, les interdits, les femmes mariées ne peuvent emprunter seuls. (C. N. 1124.)

Le tuteur ne peut emprunter pour le mineur qu'avec l'autorisation du conseil de famile, homologuée par le tribunal. (C. N. 457, 458, 483.)

Celui qui est pourvu d'un conseil judiciaire doit être assisté de son conseil : sans cela l'acte serait nul de droit. (C. N. 502 et 513.)

La femme mariée ne peut s'obliger qu'avec l'autorisation de son mari ou de la justice.

Les obligations peuvent être faites en brevet et en minute : — en brevet lorsqu'il ne s'agit que de petites sommes et qu'il n'y a pas d'hypothèque ; mais ces actes sont plus fréquemment en minute.

SECTION PREMIÈRE

OBLIGATION SANS HYPOTHÈQUE EN BREVET.

Une obligation semblable contient :

Les nom, prénoms, profession et domicile de l'emprunteur,

La déclaration par laquelle il se reconnaît débiteur,

Les nom, prénoms, qualités et domicile du créancier,

Sa présence et son acceptation,

La somme prêtée en principal,

La cause de l'obligation,

L'époque d'exigibilité,

Le taux des intérêts, l'époque et le mode de leur payement,

L'endroit où le payement sera effectué,

La faculté d'anticiper,

La peine en cas de non-payement du principal et des intérêts,

L'élection de domicile.

Voir *Formule*, Dict. Not.

SECTION II

OBLIGATION EN MINUTE AVEC HYPOTHÈQUE.

On indique :

Les noms, prénoms, qualités et domicile de l'emprunteur et de son épouse autorisée,

Le régime sous lequel ils sont mariés, avec la date du contrat de mariage et le nom du notaire qui l'a reçu,

La reconnaissance de la dette,

Les nom, prénoms, profession et domicile du prêteur,

Sa présence et son acceptation,

Le montant en principal de l'obligation,

Sa cause,

La délivrance des espèces ou valeurs à la vue ou hors la vue du notaire,

L'obligation par les débiteurs de payer conjointement et solidairement,

L'endroit où le payement aura lieu,

L'époque d'exigibilité,

Le taux des intérêts,

Le jour où ces intérêts commencent à courir,

Et le mode et les époques de leur payement,

Les conditions de l'obligation,

La faculté d'anticiper le payement, en prévenant un certain temps d'avance,

Le délai dans lequel il faut prévenir,

Ou bien l'interdiction de payer avant l'échéance,

L'exigibilité immédiate en cas de défaut de payement d'un terme d'intérêts,

L'indivisibilité de la dette entre les héritiers et représentants des débiteurs, en cas de décès de l'un d'eux,

L'affectation hypothécaire consentie par les emprunteurs,

La désignation des immeubles affectés, désignation qui doit être très-exacte et assez complète pour ne donner lieu à aucune équivoque,

La situation, la rue et le numéro ou le lieu dit de chaque immeuble, la contenance, la nature, le numéro et la section cadastrale, le territoire, les tenants et aboutissants,

Le consentement à hypothèque, sans exception ni réserve,

L'établissement de la propriété qui doit être fait

d'une manière très-complète, pour montrer bien clairement la position des emprunteurs (pour ne pas faire de répétition nous renvoyons au chapitre des ventes, où sont donnés tous les renseignements nécessaires à la rédaction précise d'un établissement de propriété),

La subrogation consentie par la femme dans l'effet de son hypothèque légale contre son mari, limitativement aux biens hypothéqués et jusqu'à due concurrence,

L'acceptation de cette subrogation par le créancier,

L'acceptation du transport par le mari débiteur,

Le droit conféré par la femme au créancier de prendre inscription (restreinte au montant de la créance et aux immeubles désignés) pour sûreté de cette hypothèque légale, d'en donner mainlevée et d'en consentir la radiation, même hors la présence et sans le concours de la femme qui en donne dès lors décharge au conservateur des hypothèques,

L'assurance des bâtiments hypothéqués ou la promesse de les faire assurer,

La compagnie qui les a assurés ou à laquelle ils seront assurés,

La date de la police,

La valeur donnée aux immeubles,

L'obligation de continuer et de renouveler l'assurance jusqu'au remboursement,

(La police ne peut être énoncée dans une obligation que si elle est enregistrée : il serait donc utile, avant de l'annexer à l'acte, de la présenter à l'enregistrement.)

Le transport d'indemnité au créancier en cas de sinistre,

Le pouvoir de signifier donné au porteur d'un extrait,

L'état civil des emprunteurs,

La déclaration faite par ces derniers, sous les peines de stellionat que le notaire leur explique;

Qu'ils sont mariés en premières, deuxièmes ou troisièmes noces,

Qu'ils ont ou n'ont pas d'enfant de ces précédents mariages,

Qu'ils sont tuteurs de ces enfants ou leur ont rendu leur compte de tutelle,

Qu'ils ont été ou n'ont pas été tuteurs d'autres enfants, dont on indique les noms et la reddition de compte,

Qu'ils sont ou ne sont pas comptables de deniers publics ou cautions de comptables,

Enfin la date de leur contrat de mariage et le régime adopté par eux, si on ne l'a pas indiqué en tête,

La situation hypothécaire des emprunteurs,

Les sommes dues par eux et pour sûreté desquelles les mêmes immeubles ont été hypothéqués,

La date de l'obligation souscrite par les emprunteurs,

L'élection de domicile.

Quelquefois l'obligation est faite au profit de plusieurs personnes pour des sommes différentes, on indique la part de chacune et le rang qu'elles auront relativement à l'hypothèque, si elles viendront concurremment entre elles ou si l'une aura la priorité sur l'autre.

Souvent aussi il arrive que l'obligation contient une promesse d'emploi; — dans ce cas, les emprunteurs déclarent à quoi ils destinent la somme empruntée, — soit à payer un prix dû, — soit à rembourser une précédente obligation.

En outre, les emprunteurs s'engagent à déclarer l'origine des deniers dans la quittance qu'ils devront retirer, afin d'acquérir au créancier une subrogation.

Il peut encore se trouver diverses modifications, notamment :

Lorsqu'il y a plusieurs emprunteurs, avec ou sans solidarité,

Lorsque plusieurs ont emprunté pour le compte d'un seul, et avec solidarité,

Lorsqu'il y a des cautions s'obligeant solidairement au payement du prix,

L'exigibilité, bien que fixée, peut être modifiée :

En cas de vente des biens hypothéqués,

En cas de destruction des bâtiments,

En cas de décès du débiteur.

Les intérêts ne dépassent pas le taux légal, 5 0/0, sauf pour les affaires commerciales où la loi accorde 6 0/0.

Quant aux hypothèques, il est certains cas où l'on affecte :

Les biens à venir,

Des parts indivises de biens non partagés,

Un usufruit.

La nue propriété d'un bien.

Si l'on se réserve de changer l'hypothèque, il faut indiquer sommairement les biens sur lesquels on la transférera,

Le consentement du créancier.

On prévoit encore le cas de restriction d'hypothèque, par suite de remboursement partiel,

Ou de réserve de concurrence pour un nouvel emprunt dont il faut faire connaître l'importance,

L'enregistrement est de 1 0/0. (Loi du 7 août 1850, art. 9.)

Voir *Formule*, Dict. Not.

CHAPITRE II

Des prorogations de délais.

La prorogation pure et simple serait un acte unilatéral, qui n'aurait pas besoin d'être acceptée par le débiteur, si elle ne contenait généralement différentes conventions réciproques pour lesquelles l'acceptation est nécessaire.

Cet acte se met en suite de l'obligation ou du contrat de vente.

Il énonce :

Les nom, qualités et demeure du créancier,

Les nom, qualités et demeure du débiteur,

La demande de prorogation faite par ce dernier,

Le jour jusqu'auquel l'exigibilité est prorogée,

Le montant en principal de la créance,

La date de l'obligation ou du contrat de vente et le nom du notaire qui l'a reçu.

Si c'est un contrat de vente, il est bon d'indiquer les immeubles vendus, la transcription et la purge,

La réserve par le créancier de tous ses droits, actions et hypothèques, sans novation ni dérogation,

Les conditions,

Le taux des intérêts,

Le mode et les époques de payement,

L'exigibilité immédiate du principal en cas de défaut de payement d'un ou de plusieurs termes d'intérêts,

La faculté ou l'interdiction d'anticiper la nouvelle époque de remboursement,

L'acceptation par le débiteur,

L'obligation d'exécuter les conditions stipulées,

L'élection de domicile.

L'enregistrement est un droit fixe de 2 fr. (Loi du 18 mai 1850, art. 8.)

Voir *Formule*, Dict. Not.

CHAPITRE III

Du titre nouvel.

La prescription s'accomplissant par 30 ans, le créancier, pour interrompre la prescription, peut contraindre le débiteur à lui fournir un titre nouvel, après 28 ans de la date du dernier titre. (C. N. 2263.)

Le titre nouvél se rédige avec les éléments qui suivent :

Les noms, prénoms, profession et domicile du débiteur et du créancier, — ou des héritiers et ayants cause de chacun d'eux ou encore du cessionnaire du créancier — ou du tiers acquéreur du débiteur,

Avec l'indication des qualités survenues depuis l'ancien titre,

L'exposé contenant : — la date du titre primitif, — le nom du notaire qui l'a reçu, — sa résidence, — les noms et prénoms des débiteurs et créanciers originaires, — la nature du contrat, vente, obligation, etc., — le montant de l'obligation ou le prix de la vente, — ou encore le chiffre de la rente annuelle, — la transcription du contrat, — le bureau des hypothèques, — le volume, le numéro et la date de l'inscription et de tous les renouvellements qui ont pu être faits, — les divers actes qui ont amené des changements, tels que transports, cessions, ventes, délégation, partage, etc., — les testaments, donations, inventaires, délivrance de legs, et autres,

La demande du titre nouvel par le créancier au débiteur,

L'obligation par le débiteur de payer la créance en principal, intérêts et accessoires,

L'époque d'exigibilité,

Le montant de la créance,

Le taux des intérêts,

Le lieu, l'époque et le mode de payement des intérêts,

La réserve de tous droits, actions et hypothèques, et de l'inscription prise pour sûreté de ladite créance,

La mention consentie,

L'élection de domicile.

L'enregistrement est un droit fixe de 3 fr. (Loi du 28 avril 1816, art. 44, n° 5.)

Voir *Formule*, Dict. Not.

CHAPITRE IV

Des cautionnements.

Il y a trois sortes de cautionnements : le cautionnement judiciaire, — légal, — ou conventionnel.

Nous n'avons à nous occuper ici que de cette dernière espèce.

Ce cautionnement peut être fait — pur et simple, — solidaire, — partiel, — avec ou sans hypothèque.

Il a lieu, la plupart du temps, par intervention, à la suite de l'acte au sujet duquel le cautionnement est demandé.

L'acte de cautionnement contient :

Les nom, prénoms, profession et domicile de la personne qui se porte caution,

La communication prise par lui de l'acte en question,

La date de cet acte,

Le nom du notaire qui l'a reçu,

La résidence de ce notaire,

Le contenu de l'acte, — un résumé succinct des principales dispositions, et notamment celles pouvant contenir une obligation, — le montant de cette obligation, — l'époque de payement, — le taux des intérêts, — le mode de payement, — les noms, prénoms et domicile du débiteur et du créancier,

La déclaration par le comparant de se porter et constituer caution du débiteur,

La solidarité de la caution,

La présence et l'acceptation du créancier,

Le montant de la somme cautionnée,

L'obligation par la caution de payer ladite somme et d'en servir les intérêts aux époques et de la manière déjà indiquées, faute par le débiteur de le faire,

L'interdiction par le créancier d'accorder toute prorogation de délai, sans prévenir la caution, à peine de perdre tout recours contre ce dernier,

La garantie hypothécaire,

Désignation des biens, — propriété, — subrogation d'hypothèque légale, — assurance contre l'incendie, — état civil, — situation hypothécaire. — (Voy. ch. 1er des obligations.)

Le droit d'enregistrement est de 50 cent. p. 100. (Loi du 22 frim. an VII, art. 69, § 2, n° 8.)

Voir *Formule*, Dict. Not.

CHAPITRE V

Des affectations hypothécaires.

L'affectation hypothécaire ne peut résulter que d'un acte authentique.

Il faut avoir la même capacité que pour consentir une obligation.

L'affectation hypothécaire énonce :

Les nom, prénoms, qualités et demeure du débiteur ou de celui qui affecte ses biens,

Le principal de la créance que l'on veut garantir,

La date du titre constitutif et le nom du notaire qui l'a reçu,

Les nom, prénoms, profession et domicile du créancier,

La date de l'exigibilité,

Le taux des intérêts,

Leur départ,

L'époque de leur payement,

Le consentement à affectation,

La présence du créancier et son acceptation,

La désignation des biens hypothéqués,

Leur origine de propriété, comme aux obligations,

L'élection de domicile.

L'enregistrement est de 2 francs fixe.

Voir *Formule* Dict. Not.

CHAPITRE VI

Du gage.

Le gage diffère de l'antichrèse en ce que l'antichrèse est le nantissement d'une chose immobilière, tandis que le gage est le nantissement d'une chose mobilière. (C. N. 2072.)

Le gage confère au créancier le droit de se faire payer sur la chose qui en est l'objet par privilége et préférence aux autres créanciers. (C. N. 2073.)

Ce privilége doit résulter d'un acte écrit et enregistré s'il s'agit d'une créance de plus de 150 francs. (C. N. 2074.)

L'acte de gage donne les indications ci-après :

Les nom, prénoms, profession et domicile du débiteur,

Le montant de la créance, en principal,

Les nom, prénoms, profession et demeure du créancier,

Sa présence et son acceptation,

La cause de la créance,

Le délai d'exigibilité,

Le taux des intérêts,

Le jour de leur départ,

La désignation des objets donnés en gage; — quelquefois cette désignation se trouve dans un état séparé, sur timbre; alors il faut annexer cet état,

L'acceptation du gage par le créancier,

L'obligation par ce dernier de rendre les objets aussitôt qu'il aura été remboursé de la créance,

L'interdiction de disposer de ces objets,

Le droit d'en disposer en cas de non-payement à l'échéance, soit en faisant ordonner en justice que les objets lui demeureront en payement jusqu'à due concurrence, d'après une estimation d'experts, — ou qu'ils seront vendus aux enchères par un commissaire-priseur après les formalités prescrites par les art. 945 et suiv. du Code proc.,

La nomination des experts par le président du tribunal civil,

Le payement de la créance, sur le produit de la vente, par privilége et nonobstant toutes oppositions,

L'élection de domicile.

L'enregistrement est de 50 c. 0/0 (Délib. 15 fév. 1827.)

Voir *Formule*, Dict. Not.

CHAPITRE VII

Des antichrèses.

On nomme antichrèse le contrat par lequel un débiteur donne en nantissement à son créancier un immeuble dont ce dernier percevra les fruits pour les imputer sur les intérêts de sa créance et ensuite sur le capital. (C. N. 2085.)

L'antichrèse doit être écrite; mais n'est soumise à aucune forme particulière.

Il ne faut pas confondre l'antichrèse avec la vente à réméré : — l'antichrèse ne donne qu'un droit de jouissance; — la vente à réméré confère un droit de propriété.

Cet acte contient :

Les nom, prénoms, qualités et domicile du débiteur,

La reconnaissance par ce dernier de la dette,

Les noms, prénoms, qualité et domicile du créancier,

Sa présence et son acceptation,

Le montant et la cause de la créance,

L'époque de la délivrance des espèces,

Le délai d'exigibilité,

Le taux des intérêts,

Le jour où ils commencent à courir,

La proposition d'antichrèse pour garantie de la créance,

L'acceptation de cette antichrèse par le créancier,

La désignation des immeubles antichrésés,

La location de ces immeubles, le temps du bail, le montant du loyer, le nom du locataire, le commencement et la fin du bail, — la date et le nom du notaire qui l'a reçu, — ou la mention d'enregistrement si le bail est sous seing privé, — et si l'immeuble n'est pas loué, le droit de le louer et de renouveler ou résilier tous baux,

L'établissement de propriété, comme pour les contrats de vente,

Le pouvoir donné au créancier de toucher tous loyers, sur ses simples quittances,

Le jour où commencera ce droit,

La limite de sa durée, — fixée habituellement à l'entier acquittement du principal, des intérêts et accessoires,

La décharge donnée aux locataires qui payeront entre les mains de l'antichrésiste,

La subrogation faite par le débiteur de tous ses droits, actions et priviléges en faveur du créancier,

Les conditions de l'antichrèse,

Les impôts qui seront acquittés par l'antichrésiste sur les revenus qu'il touchera,

Le jour où ces impôts seront à sa charge,

Les frais d'assurance contre l'incendie,

Les réparations à faire aux bâtiments,

L'imputation du produit net des loyers à faire d'abord sur les intérêts et ensuite sur le capital de la créance,

La stipulation que les intérêts de cette créance diminueront au fur et à mesure de chaque imputation,

La rentrée par le débiteur dans la jouissance de son immeuble, aussitôt l'extinction de la dette, sauf l'exécution des baux consentis pendant l'antichrèse,

La remise de la grosse des baux par le débiteur,

Le pouvoir de signifier donné au porteur d'un extrait,

L'élection de domicile.

L'enregistrement est de 2 0/0. (Loi 22 frim. an VII, art. 69, § 5, n° 5.)

Voir *Formule*, Dict. Not.

CHAPITRE VIII

Des délégations.

On entend par délégation l'acte par lequel quelqu'un, pour s'acquitter d'une dette, donne une des créances qui lui sont dues à son créancier.

Cela suppose le concours de trois individus : — le *délégant* qui doit et à qui il est dû, — le créancier *délégataire* — et le débiteur *délégué*.

La délégation est parfaite ou imparfaite : — *parfaite*, elle opère une double novation en libérant le délégant — et en déchargeant le délégué à l'endroit du délégant.

Imparfaite, elle n'est qu'une simple indication de payement ou un mandat qui n'opère aucune libération, le délégant restant toujours obligé envers son créancier.

L'acte de délégation indique :

Les nom, prénoms, profession et domicile du délégant,

La déclaration de vouloir céder, déléguer et transporter,

La garantie sous laquelle la délégation est faite, — garantie complète — ou simplement des faits et promesses du délégant,

Les nom, prénoms, profession et domicile du créancier délégataire,

Sa présence et son acceptation,

Le montant de la somme déléguée,

Les nom, prénoms, qualités et domicile du débiteur de cette somme,

La nature et la date de l'acte en vertu duquel ladite somme est due,

Le nom et la résidence du notaire qui a reçu cet acte,

L'époque d'exigibilité de ladite somme,

Les intérêts dont elle est productive,

Les termes de payement de ces intérêts,

L'hypothèque garantissant cette créance,

La désignation sommaire des biens affectés,

Le bureau où l'inscription a été prise,

La date, le volume et le numéro de cette inscription,

Le résultat de l'état d'inscriptions délivré par le conservateur le lendemain du jour où cette hypothèque a été inscrite, — afin de connaître si le délégant était le premier inscrit ou si d'autres inscriptions primaient la sienne,

Le transport d'indemnité d'assurance — et la subrogation d'hypothèque légale en faveur du délégant,

Le droit par le délégataire de toucher et recevoir la somme déléguée, sur ses simples quittances, du débiteur ou de tous autres,

Le jour où les intérêts seront acquis au délégataire,

La subrogation faite par le délégant au délégataire de ses droits, actions et hypothèques,

La libération du délégant envers le délégataire,

Le montant de la somme due à ce dernier par le premier,

La date et la nature de l'acte formant le titre de cette créance,

Le nom du notaire qui l'a reçu et sa résidence,

La décharge et la quittance données par le délégataire de la somme à lui due par le délégant,

La remise par le délégant du titre de la créance déléguée,

La remise par le délégataire du titre de la créance libérée,

La décharge respective de ces titres,

L'intervention du débiteur délégué,

Ses nom, prénoms, qualités, profession et domicile,

La communication par lui prise de la délégation,

Sa déclaration de l'accepter, de se la tenir pour bien et dûment signifiée, et de n'avoir entre les mains aucune opposition ou empêchement pouvant en arrêter l'effet,

La mention consentie,

L'élection de domicile.

L'enregistrement est de 50 cent. 0/0. (L. 22 frim. an VII, art. 69, § 3, n° 3; — Loi du 7 août 1850.)

Voir *Formule*, Dict. Not.

CHAPITRE IX

Des constitutions de rente.

Il y a deux sortes de rentes :

La rente perpétuelle,

Et la rente viagère.

Toute rente peut être constituée pour le prix d'un

immeuble ou pour un capital; — elle peut consister en argent, en grains, en denrées, etc.

La condition première d'une rente est l'aliénation du capital à perpétuité; le prêteur s'interdit de l'exiger. (C. N. 1909.)

La constitution de rente est une vente ou un prêt; il faut donc avoir pour un tel acte la capacité d'aliéner.

SECTION PREMIÈRE

DES RENTES PERPÉTUELLES.

La constitution d'une rente perpétuelle porte :

Les nom, prénoms, qualités et domicile du constituant,

Les noms, prénoms, qualités et domicile du ou des credi-rentiers,

Leur présence et leur acceptation,

Le montant de la rente annuelle,

Sa qualification de perpétuelle,

L'obligation par le ou les constituants de payer cette rente,

L'époque et le mode de payement de chaque annuité,

Le départ des arrérages,

Le jour de l'échéance du premier terme,

L'exemption de retenue,

Les conditions,

Les espèces de monnaies d'or ou d'argent que le débiteur pourra offrir en payement,

L'interdiction de rembourser en papier-monnaie ou autre valeur fictive,

La renonciation à user du bénéfice des lois établissant le papier-monnaie,

L'exigibilité du capital en cas de non-payement des arrérages, à la volonté des crédi-rentiers, après un commandement infructueux,

Le délai pendant lequel le constituant ne pourra se libérer du capital,

L'avertissement qu'il devra donner aux crédi-rentiers, lorsqu'il aura l'intention de rembourser,

L'époque à laquelle cet avertissement devra être fait,

L'affectation hypothécaire à la garantie du service des arrérages et du remboursement du capital,

La désignation des immeubles hypothéqués,

Leur origine de propriété,

Le prix de la constitution de rente, au denier 20 ou 25,

Le payement comptant de ce prix,

La reconnaissance de ce payement,

Les espèces de monnaies et valeurs données en payement,

La délivrance de ces espèces à la vue du notaire,

La quittance,

La situation hypothécaire des biens affectés,

L'assurance des bâtiments,

Les déclarations d'état civil,

Le pouvoir de signifier donné au porteur d'un extrait,

L'élection de domicile.

Il peut y avoir encore solidarité entre les débiteurs, pour le payement des arrérages et le remboursement du capital,

Délégation,

Promesse d'emploi,

Subrogation dans l'hypothèque légale de la femme,

Toutes choses expliquées au chapitre des obligations.

L'enregistrement est de 2 0/0. (Loi du 22 frim. an VII, art. 69, § 5, n° 2.)

Voir *Formule*, Dict.Not.

SECTION II

RÉDUCTION DU DENIER VINGT AU DENIER VINGT-CINQ.

Cet acte contient :

Les noms, prénoms, qualités et domicile des parties,

L'exposé fait par elles de leur situation, la date de la constitution, — le nom du notaire devant lequel l'acte a été passé, — le montant de la rente, — le capital primitif, — l'hypothèque le garantissant, — le bureau où l'inscription a été prise, — la date de cette inscription, — le volume et le numéro,

La cause de la réduction (souvent ce n'est que pour éviter le remboursement de la rente),

Le consentement à la réduction du denier vingt au denier vingt-cinq,

La somme à laquelle cette réduction fixe la rente annuelle,

L'obligation par les débiteurs de payer cette rente ainsi réduite,

L'époque de payement des arrérages,

La condition que la rente ne pourra être remboursée qu'au capital primitif,

La réserve faite par les crédi-rentiers de tous leurs droits, actions et hypothèques,

Le consentement d'une mention sur toutes pièces,

L'élection de domicile.

L'enregistrement est de 2 fr. fixe. (Loi du 18 mai 1850, art. 8.)

Voir *Formule*, Dict. Not.

SECTION III

DES RENTES VIAGÈRES.

On relate :

Les noms, prénoms, qualités et demeure des constituants, — et ceux des crédi-rentiers,

La présence et l'acceptation de ces derniers,

Le lieu et la date de naissance de chacun d'eux,

Le montant de la rente viagère constituée sur leur tête et sur celle du survivant,

La réduction au décès du premier mourant ou la clause de non-réduction,

La réversion, s'il y a lieu, au profit d'une autre personne,

Les nom, prénoms, âge, profession et domicile de cette dernière,

L'endroit où la rente sera payée,

Le départ des arrérages,

La production d'un certificat de vie ou l'exemption de ce certificat,

Les époques de payement,

L'époque de payement du premier terme,

Le temps de l'extinction et de l'amortissement de la rente, au jour du décès du survivant,

La nature de la monnaie qui devra être offerte en payement,

La peine en cas de non-payement d'un terme d'arrérages,

L'hypothèque consentie pour garantie du service des arrérages (comme aux précédents chapitres),

Le prix de la constitution de rente,

Le payement de ce prix,

La reconnaissance de ce payement par les recevants,

La nature des espèces et monnaies payées,

Le payement d'un terme d'avance des arrérages, s'il y a lieu,

L'explication bien claire du payement du dernier terme, — si ce terme appartiendra tout entier aux débiteurs — ou s'il reviendra aux rentiers,

La déclaration que l'inscription prise en vertu de l'acte devra être radiée sur la simple production de l'acte de décès des rentiers et de la quittance du dernier terme couru et échu,

La décharge donnée au conservateur qui opérera la radiation ainsi,

L'état civil des débiteurs,

La situation hypothécaire,

La promesse d'emploi et les diverses clauses indiquées au chapitre des obligations,

L'élection de domicile.

L'enregistrement est de 2 p. 100 sur le capital constitué et aliéné et non sur le capital au denier 10 de la rente viagère. (Loi du 22 frim. an VII, art. 69, § 5, nº 2; — Instruct. gén, 24 décembre 1836, nº 1528, § 9.)

Voir *Formule*, Dict. Not.

SECTION IV

RENTE CONVERTIE EN CAPITAL.

Toute rente perpétuelle ou viagère peut être convertie en un capital payable à terme fixe; — dans ce cas, un tel acte indique :

Les nom, prénoms, qualités et domicile du rentier et du débiteur,

L'exposé fait par eux contenant : — la date de la constitution de rente, — sa nature perpétuelle ou viagère, — le nom du notaire possesseur de la minute, — le montant de la rente annuelle, — l'époque et la manière de payement des arrérages, — le capital moyennant lequel elle a été constituée, — l'hypothèque, — la date de l'inscription, — le bureau, — le volume et le numéro, — les principales clauses relatives au remboursement du capital,

L'intention des parties de convertir la rente en un capital fixe,

Le montant de ce capital,

L'obligation par le débiteur de le payer au rentier,

L'époque d'exigibilité de ce capital,

Le taux des intérêts,

Leur départ,

Le mode et les époques de payement,

La réserve des droits, actions, hypothèques, et notamment de l'inscription prise pour sûreté de la rente,

Le consentement à mentions sur toutes pièces,

L'élection de domicile.

L'enregistrement est un droit fixe de 2 francs et non point le droit proportionnel d'obligation, attendu qu'il n'y a aucune novation et que les parties ne font que régler entre elles les clauses d'un contrat.

Voir *Formule*, Dict. Not.

CHAPITRE X

Des translations d'hypothèques.

Ces actes, qui ne sont qu'un changement d'hypothèque contiennent :

Les noms, prénoms, qualités et demeure du débiteur et du créancier,

Un exposé dans lequel on rappelle : la date de l'obligation, — le notaire qui l'a reçue, — le montant en principal, — l'époque d'exigibilité, — le taux des intérêts, — le mode de payement, — la désignation des biens hypothéqués, — la date de l'inscription, — le bureau des hypothèques où elle est inscrite, — le volume. et le numero, — les causes qui obligent à transférer l'hypothèque, comme la vente ou l'échange de tout ou partie des biens affectés,

La proposition faite par le débiteur de transporter l'hypothèque sur d'autres immeubles,

L'acceptation de la proposition par le créancier,

La désignation des immeubles offerts en garantie,

La propriété,

L'assurance,

La subrogation dans l'hypothèque légale de la femme du débiteur, s'il y a lieu,

La déclaration d'état civil.

(Ces 5 dernières indications de la même manière que pour les obligations ch. I ci-dessus.)

L'inscription à prendre au profit du créancier sur les biens nouvellement affectés,

La mainlevée donnée par le créancier, de l'ancienne inscription que le conservateur radiera aussitôt que la nouvelle sera prise,

Ou mieux l'obligation par le créancier de donner mainlevée de l'ancienne inscription aussitôt la délivrance d'un certificat du conservateur des hypothèques constatant que les biens affectés sont entièrement libres,

L'élection de domicile.

L'enregistrement est de 2 fr. fixe. (Loi 28 avril 1816, art. 43.)

Voir *Formule*, Dict. Not.

CHAPITRE XI

Des ouvertures de crédit.

Il y a deux sortes d'ouvertures de crédit :

Le crédit à découvert ou l'engagement pris par un banquier ou un négociant descompter les effets d'un individu,

Et *le crédit de banque* ou l'engagement de fournir des fonds ou des valeurs négociables jusqu'à concurrence d'une somme déterminée.

Ces actes pourraient être faits sous signatures privées, à moins qu'ils ne contiennent une hypothèque.

Art. 1er. — Du crédit à découvert.

Ce crédit doit rapporter :

Les noms, prénoms, profession et demeure du prêteur ou créditeur, — et de l'emprunteur ou *crédité.*

La somme pour laquelle le crédit est ouvert,

Le jour du départ de l'ouverture,

L'acceptation par le crédité,

L'objet du crédit,

Les billets et valeurs à escompter,

L'endos à mettre à l'ordre du créditeur,

Les avances à faire par ce dernier en compte courant,

Le maximum de ces avances,

Les valeurs que le créditeur pourra refuser d'escompter,

Le mode et les époques de remboursement du crédit,

Les intérêts (qui peuvent être à 6 0/0) et le jour de leur départ,

L'ouverture d'un compte courant au nom du crédité sur les livres du créditeur,

La durée du crédit,

Les causes qui peuvent le faire cesser avant le délai, comme le défaut d'un billet à échéance,

Le compte définitif à faire lors de la cessation du crédit et l'époque de remboursement,

L'hypothèque s'il y a lieu, — la désignation, l'origine, l'état civil, la situation hypothécaire, l'assurance,

L'élection de domicile.

L'enregistrement est de 2 fr. fixe si le crédité n'est pas rendu débiteur actuel d'aucune somme; — dans le cas contraire, on perçoit le droit proportionnel d'obligation sur la somme dont il est débiteur. (Loi du 18 mai 1850, art. 8.)

Voir *Formule*, Dict. Not.

Art. 2. — Du crédit de banque.

Cet acte renferme :

Les noms, prénoms, qualités et demeure du créditeur et du crédité,

Le montant du crédit,

L'acceptation par le crédité,

La durée du crédit,

La faculté ou l'interdiction aux parties de le faire cesser à leur volonté,

La manière dont le crédit sera fourni et réalisé,

L'obligation par le créditeur d'accepter et payer les traites tirées par le crédité,

L'obligation par le crédité de couvrir le créditeur par des remises de fonds ou d'effets de commerce,

L'époque du remboursement des sommes dont le créditeur pourrait être à découvert,

Le taux des intérêts (ordinairement 6 0/0),

Le jour du départ de ces intérêts,

La commission à payer par le crédité,

L'affectation hypothécaire comme au crédit à découvert,

L'élection de domicile.

Voir pour l'enregistrement l'art. 1er qui précède.

Voir *Formule*, Dict. Not.

CHAPITRE XII

Des bordereaux d'inscription.

L'inscription est une formalité prescrite par la loi pour donner son effet à l'hypothèque et conserver l'ordre des divers créanciers.

Cette inscription est prise au moyen d'un bordereau remis au conservateur au nom du créancier, lequel bordereau n'est autre chose que l'état de la créance hypothécaire.

Les bordereaux doivent contenir :

1• Les nom, prénoms, domicile du créancier, sa profession, s'il en a une, et l'élection d'un domicile pour lui dans un lieu quelconque de l'arrondissement du bureau des hypothèques ;

2° Les nom, prénoms, domicile du débiteur, sa profession, s'il en a une connue, ou une désignation individuelle et spéciale telle que le conservateur puisse reconnaître et distinguer, dans tous les cas, l'individu grevé d'hypothèque ;

3° La date et la nature du titre ;

4° Le montant du capital des créances exprimées dans le titre, ou évaluées par l'inscrivant pour les rentes et prestations ou pour les droits éventuels, conditionnels ou indéterminés dans les cas où cette évaluation est ordonnée, comme aussi le montant des accessoires de ces capitaux et l'époque de l'exigibilité;

5° L'indication de l'espèce et la situation des biens sur lesquels il entend conserver son privilége ou son hypothèque. (Code Nap. 2148.)

La désignation des biens n'est pas indispensable dans le cas d'hypothèques légales ou judiciaires ; une seule inscription pour ces hypothèques frappe tous les immeubles compris dans l'arrondissement du bureau, s'il n'y a convention contraire. (C. N. 2148.)

De même, les inscriptions à prendre sur les biens d'une personne décédée peuvent être faites sous la simple désignation du défunt.

Telles sont les formalités exigées par la loi ; l'omission d'une seule entraîne la nullité radicale de l'inscription.

Nous ne nous étendrons pas davantage sur cette matière, les prescriptions de l'art. 2148 du Code Nap. étant applicables à tous les cas et pour tous les genres d'hypothèques, conventionnelle ou privilégiée, judiciaire ou légale.

Depuis la loi du 18 mars 1855 sur la transcription hypothécaire, les subrogations dans l'ypothèque légale de la femme, qui, autrefois, étaient faites au moyen d'une simple mention reléguée à la fin du bordereau, doivent être aujourd'hui requises spécialement comme une inscription ordinaire.

Il n'est pas nécessairepour cela de faire un bordereau particulier pour la subrogation d'hypothèque légale, mais il faut requérir, par le même bordereau, l'hypothèque conventionnelle en vertu de l'obligation ou du titre qui l'a conférée, et l'hypothèque légale en vertu de l'art. 2121 du Code Nap., dans laquelle hypothèque le créancier a été subrogé par la femme aux termes du titre.

Seulement, pour éviter des difficultés lors de la radiation d'une semblable inscription, il faut la limiter aux biens hypothéqués par le titre ; sans cela, et même sans une restriction expresse, cette inscription frapperait tous les biens du débiteur situés dans le ressort du bureau, et on comprend les embarras d'une pareille situation : les débiteurs se trouvent sous le coup d'une inscription dont personne ne peut donner la mainlevée et qu'aucun conservateur ne voudrait radier.

Pour surcroît de précaution, nous avons pris le parti de mentionner dans le titre constitutif que le créancier pourrait, seul et même sans le concours de la femme, donner mainlevée entière de l'inscription d'hypothèque légale, et que dès à présent la femme, autorisée de son mari, en consentait la radiation et déchargeait le conservateur.

De cette façon, les biens désignés seuls sont grevés, et la radiation est faite sur la simple mainlevée du créancier.

Il faut une inscription pour chaque créancier : le même bordereau ne pourrait contenir une réquisition faite par plusieurs créanciers contre le même débiteur.

Par contre, une seule inscription suffit contre plusieurs débiteurs solidaires ou même obligés sans solidarité à une même dette. (Décision min. des fin. 16 flor. an VII.)

Il n'en serait pas ainsi, bien entendu, si les dettes étaient tout à fait distinctes, alors même qu'elles résulteraient d'un seul acte. (Même décision.)

Quelquefois un créancier consent en faveur d'un autre une antériorité d'hypothèque; cette antériorité, pour être inscrite, n'a besoin que d'être mentionnée dans le bordereau.

Les inscriptions en renouvellement se prennent comme les primitives, les bordereaux contiennent les mêmes énonciations, complétées seulement par la date, le volume et le numéro de l'ancienne inscription que l'on renouvelle.

Les bordereaux d'inscription peuvent être écrits sur toute espèce de timbre, — et même à la suite ou en marge de la grosse du titre.

L'inscription prise en vertu du bordereau dure dix ans, à partir du jour où elle a été faite.

Le droit d'inscription est de 1 fr. pour 1,000 (Loi du 28 avril 1816, art. 60.)

Voir *Formule*, Dict. Not.

CHAPITRE XIII

Des transports de créance.

Le transport n'est, à proprement, parler qu'une vente de créance, — la chose, le prix et le consentement, — *res, pretium, consensus*; — ces trois éléments luis ont donc aussi indispensables qu'au contrat vente.

Le transport doit être fait par acte authentique, surtout lorsqu'il s'agit d'une créance hypothécaire ; — sans cela, le cessionnaire ne pourrait donner mainlevée de l'inscription ni même faire inscrire sa subrogation.

La capacité d'aliéner est indispensable pour faire un acte de transport.

Le rédacteur d'un transport connaît :

Les nom, prénoms, profession et domicile du cédant,

La déclaration par lui de la cession,

La garantie même de payer à défaut par le débiteur de le faire, — ou la simple garantie de l'existence de la créance, — ou encore l'absence absolue de garantie,

Les nom, prénoms, profession et domicile du cessionnaire,

Sa présence et son acceptation,

Le montant en principal de la somme transportée,

La nature de l'acte créateur de la dette, obligation, vente, etc.,

La date de cet acte,

Le nom et la résidence du notaire qui l'a reçu,

Les noms, prénoms et domicile des débiteurs,

L'époque d'exigibilité de la somme transportée,

Les intérêts qu'elle produit,

Le mode et l'époque de payement,

La garantie hypothécaire,

La désignation sommaire des biens affectés,

La situation territoriale de ces biens,

La date, le volume et le numéro de l'inscription prise,

Le bureau des hypothèques,

L'état d'inscription constatant la situation hypothécaire,

La subrogation d'assurance contre l'incendie et la subrogation d'hypothèque légale contenues au titre originaire,

Le droit pour le cessionnaire de toucher et recevoir des débiteurs, aux lieu et place du cédant, la somme transportée,

Le jour de la jouissauce, c'est-à-dire le jour où les intérêts commencent à courir au profit du cessionnaire,

La subrogation par le cédant dans tous ses droits, actions et hypothèque,

Le prix du transport,

Le payement de ce prix,

La délivrance des espèces et valeurs à ou hors la vue des notaires,

La quittance donnée au cessionnaire,

La remise des titres de créance,

Le nom de la partie qui payera les frais,

Le pouvoir de faire signifier donné au porteur d'un extrait.

Souvent, au lieu de faire signifier, le débiteur intervient pour accepter le transport ; alors il déclare avoir pris connaissance du transport, — l'avoir pour agréable, — se le tenir pour signifié, — et n'avoir entre les mains aucune opposition, ni aucun empêchement qui puisse en arrêter l'effet.

Quelquefois le débiteur demande une prorogation que le créancier lui accorde, et il s'oblige de nouveau au payement du principal et au service des intérêts comme par le passé.

L'élection de domicile.

Si l'on ne transporte qu'une partie de la créance, il peut y avoir une réserve de concurrence, — ou une priorité en faveur soit du cédant, soit du cessionnaire, ce qu'il est très-important d'indiquer.

L'enregistrement est de 1 fr. p. 0/0. (Loi du 22 frim. an VII, art. 14 et 69, § 3, n° 3).

Voir *Formule*, Dict. Not.

CHAPITRE XIV

Du transport de droits successifs.

Quand une succession est ouverte, on peut vendre ou céder l'hérédité.

Le vendeur n'a pas besoin de détailler les objets; il n'est tenu qu'à garantir sa qualité d'héritier. (C. Nap. 1696.)

Le transport peut comprendre : — les droits mobiliers, — ou les droits immobiliers, — ou encore les droits mobiliers et immobiliers ensemble.

Cet acte doit indiquer :

Les nom, prénoms, profession et domicile du cédant,

Sa qualité d'héritier,

La quotité de sa part héréditaire,

Sa parenté avec le défunt,

Les nom, prénoms du défunt,

La date et le lieu de son décès,

La date de l'inventaire ou de l'acte de notoriété,

Le nom du notaire qui l'a reçu,

La garantie sous laquelle la cession est faite, — garantie de la qualité d'héritier,

Les nom, prénoms, profession et domicile du cessionnaire,

Sa présence et son acceptation,

La nature des droits successifs cédés, — mobiliers ou immobiliers,

La date de l'entrée en jouissance,

La subrogation faite par le cédant dans tous ses droits et actions concernant ladite succession,

Les réserves de la part du cédant, — comme les sommes dont il peut être débiteur envers la succession, à quelque titre que ce soit, dont il restera quitte et libéré,

Les charges et conditions du transport,

L'obligation par le cessionnaire de les exécuter,

L'acquit de la portion du cédant dans les dettes et charges héréditaires, — droits de mutation, legs et autres,

L'acquit des frais et honoraires,

Le prix du transport à forfait,

Le payement de ce prix ou l'époque du payement,

La quittance par le cédant,

L'évaluation pour l'enregistrement de la portion du cédant dans les dettes et charges de la succession,

La déclaration, par le cédant, qu'il n'a reçu ni disposé d'aucun objet de la succession, — et qu'il ne lui est rien dû par ladite succession, à quelque titre que ce soit, même pour avances postérieures au décès,

Le pouvoir de signifier donné au porteur d'un extrait,

L'élection de domicile.

L'enregistrement est de :

2 p. 0/0 sur la cession mobilière,

4 p. 0/0 sur la cession immobilière faisant cesser l'indivision et équivalant à partage,

5 1/2 p. 0/0 sur la cession immobilière ne faisant pas cesser l'indivision. (Loi 28 avril 1816, art. 54, et 22 frim. an VII, art. 69, §§ 5 et 7.)

Voir *Formule*, Dict. Not.

CHAPITRE XV

Du retrait successoral.

D'après l'art. 841 C. Nap., tout héritier peut écarter du partage le cessionnaire de droits successifs en lui remboursant le prix de la cession.

On indique :

Les noms, prénoms, profession et domicile de l'héritier retrayant — et du cessionnaire écarté,

L'exposé rappelant : les nom, prénoms du défunt, — la date et le lieu de son décès, — les noms et la qualité héréditaire de chacun des héritiers et surtout du retrayant, — la date de l'intitulé de l'inventaire ou de la notoriété, — le nom du notaire qui l'a reçu, — la cession faite par un héritier, — les nom, prénoms, profession et domicile de cet héritier, — la nature des droits cédés, — la date de la cession, — le nom du notaire, — le prix, — les diverses charges de la cession, — la signification qui en a été faite à la requête du cessionnaire, — la date de l'exploit, — le nom et la résidence de l'huissier qui l'a signifié, — la signification faite au cessionnaire, par laquelle l'héritier déclare avoir l'intention d'exercer le retrait successoral, — la date de cet exploit, — le nom de l'huissier, — l'offre faite par cet héritier de rembourser au cessionnaire le prix de la cession, les intérêts, frais et loyaux coûts,

La déclaration par le cessionnaire qu'il est prêt à réaliser le retrait demandé,

La cession sans garantie par le cessionnaire,

L'acceptation par l'héritier retrayant,

L'indication des droits mobiliers et immobiliers cédés,

L'entrée en jouissance,

Le remboursement par l'héritier du prix de la cession, des intérêts et des frais et loyaux coûts,

La reconnaissance de ce payement et la quittance données par le cessionnaire,

La subrogation dans tous les droits que ce dernier pouvait avoir sur la succession dont s'agit,

L'obligation par le retrayant d'acquitter les dettes et d'exécuter les charges dont le cessionnaire était tenu,

La remise des titres, — expédition de transport original de signification,

La décharge de ces titres,

Le pouvoir de signifier donné au porteur d'un extrait,

L'élection de domicile.

Il est dû 50 c. pour 0/0 sur les sommes remboursées au cessionnaire. (Loi du 22 frim. an VII, art. 69, § 2, n° 11.)

Voir *Formule*, Dict. Not.

CHAPITRE XVI

Du transport de droit litigieux.

Les droits litigieux ne sont que des prétentions plus ou moins fondées : la cession de ces droits ne peu donc être qu'un contrat tout à fait aléatoire ; l'acquéreur se charge de faire valoir ces droits incertains, à ses risques et périls.

Les énonciations d'un semblable transport sont :

Les nom, prénoms, profession et domicile du cédant,

La déclaration de cession sans garantie,

Les nom, prénoms, profession et domicile du cessionnaire,

Sa présence et son acceptation,

L'objet de la cession : (bien indiquer les prétentions du cédant, — les actes sur lesquels il s'appuie, — les contestations élevées contre lui, — les poursuites déjà faites, — les jugements rendus, — les appels interjetés, — enfin tout ce qui peut être de nature à bien préciser la position),

Les conditions de la cession,

L'obligation par l'acquéreur de les exécuter,

Les frais et honoraires à payer,

L'engagement de suivre l'affaire sans inquiéter aucunement le cédant, pour quelque cause que ce soit, — en cas de perte ou de gain,

Le prix de la cession, à forfait,

Le payement de ce prix,

La quittance,

La remise des titres,

Le pouvoir de signifier donné au porteur d'un extrait,

L'élection de domicile.

Le droit d'enregistrement est proportionné selon la nature de l'objet cédé :

1 fr. p. 0/0 pour une créance,

2 fr. p. 0/0 pour une rente,

5 fr. 50 pour un droit immobilier.

Seulement cette perception n'a lieu qu'autant que

le droit cédé est sanctionné par un jugement (Championnière et Rigaud, IV, 3723).

CHAPITRE XVII

Du retrait du droit litigieux.

Celui contre lequel on a cédé un droit litigieux peut s'en faire tenir quitte par le cessionnaire en remboursant le prix réel de la cession avec les frais et loyaux coûts et avec les intérêts à compter du jour où le cessionnaire a payé le prix de la cession à lui faite (C. Nap. 1699).

C'est ce que l'on entend par le retrait de droit litigieux.

Ce retrait constate :

Les nom, prénoms, profession et domicile du retrayant,

Son intention d'user de la faculté à lui accordée par l'art. 1699 du C. Nap.,

Le remboursement fait par lui en bonnes espèces,

La délivrance de ces espèces à ou hors la vue du notaire,

Les nom, prénoms, profession et domicile du cessionnaire, sa présence et son acceptation,

La somme remboursée,

Les nom, prénoms et domicile du cédant,

La date de la cession et le nom du notaire qui l'a reçue, — le prix et les différentes charges,

L'indication sommaire des difficultés,

Les intérêts payés,

Les frais et loyaux coûts,

La quittance de la somme totale,

L'extinction du litige au moyen du retrait,

L'interdiction par le cessionnaire d'intenter toutes actions nouvelles au sujet du point vidé,

La remise des titres,

L'élection du domicile.

On prend le droit de libération sur les sommes remboursées au cessionnaire 50 cent. p. %.

TITRE SEPTIÈME

DES ACTES CONCERNANT LES IMMEUBLES

CHAPITRE PREMIER

Des baux.

Il y a deux sortes de contrats de louage : le louage de choses,

Et le louage d'ouvrage. (C. N. 1708.)

Nous ne nous occuperons ici que du premier, —le second ayant fait l'objet d'un chapitre spécial, voir *supra*, ch. *des Devis et Marchés*.

Le louage de choses est un contrat par lequel l'une des parties s'oblige à faire jouir l'autre d'une chose pendant un certain temps et moyenant un certain prix que celle-ci s'oblige à lui payer. (C.N. 1709.)

Le louage de choses se subdivise en plusieurs espèces particulières :

Le bail à loyer,—ou bail des maisons et des meubles,

Le bail à ferme, qui est celui des biens ruraux.

Le bail à cheptel, qui est celui des animaux dont le

profit se partage entre le propriétaire et celui à qui il les confie,

Le bail emphytéotique,

Le bail administratif, concernant les biens de l'État et des communes.

Tous les baux en général donnent lieu au droit de 20 cent. p. °/₀ sur le prix cumulé de toutes les années de loyer en y ajoutant les charges imposées au preneur (Loi du 16 juillet 1824, art. 1.).

SECTION PREMIÈRE

DU BAIL A LOYER.

On peut louer par écrit — ou verbalement — toutes sortes de biens meubles — et immeubles. (C.N. 1713 et 1714.)

Le bail authentique est celui dont nous avons à nous occuper ici.

Au surplus, les baux verbaux sont réglés par les art. 1715 et suivants du Code Nap. et par les coutumes locales.

Le bail à loyer authentique renferme :

Les nom, prénoms, profession et domicile du bailleur,

La déclaration d'accorder bail à loyer,

La durée du bail,

Le jour où il commencera à courir et le jour où il finira,

Les nom, prénoms, profession et domicile du preneur,

Sa présence et son acceptation,

La désignation exacte des lieux loués, — le nom de la rue, — le n°, — la ville ou le village, le canton. — le nombre de pièces,—d'étages,—les dépendances,

La dispense d'une désignation plus complète,

La déclaration par les preneurs de parfaitement connaître la maison pour l'avoir visitée,

Les charges, clauses et conditions du bail,

L'obligation par le preneur de les exécuter et accomplir, et notamment :

1° De tenir les lieux loués constamment garnis de meubles en valeur suffisante pour répondre du loyer,

2° D'entretenir les lieux en bon état de réparations locatives,

3° De les rendre à la fin du bail conformes à l'état des lieux,

4° De faire cet état contradictoirement avec le bailleur et le preneur, dans un délai fixé, et par un architecte ou autre personne désignée,

5° De payer les impôts mobiliers des portes et fenêtres,

6° De satisfaire aux charges de ville et de police,

7° De souffrir les grosses réparations, sans indemnité, quelle que soit leur durée,

8° De pouvoir ou de ne pouvoir céder le droit au bail sans le consentement écrit du bailleur,

9° De pouvoir ou non sous-louer, — quelquefois on interdit la faculté de sous-louer à des personnes exerçant un état bruyant, insalubre, dangereux ou incommode,

10° De rester garant du sous-locataire,

11° Et de payer les frais et honoraires du bail ;

Le prix du loyer annuel,

L'obligation par le preneur de le payer,

L'endroit où ce payement devra être fait,

L'époque et le mode de payement,

Le jour de l'échéance du premier terme, et celui du dernier terme,

Les cours, poids et titres des espèces que l'on devra offrir en payement,

L'interdiction de payer en papier-monnaie et autres valeurs fictives,

Les conventions particulières, — ces conventions changent pour chaque bail, — il nous est imposible de les indiquer ici,

Lorsque de ces conventions résulte une charge se réduisant en une somme à payer par le locataire, il faut évaluer cette charge pour l'enregistrement,

L'obligation par le bailleur de tenir les lieux clos et couverts,

Le payement d'un terme de loyer d'avance,

La quittance de ce terme,

L'imputation qui en sera faite sur la dernière année de jouissance,

L'élection de domicile.

Il peut y avoir encore la solidarité de la femme du preneur avec engagement de son mari, — ou une affectation hypothécaire, — ou une caution ; — toutes choses dont nous avons parlé sous leurs titres respectifs.

Voir *Formule*, Dict. Not.

SECTION II

DES BAUX A FERME.

Ces baux contiennent à peu près les mêmes indications que les baux à loyer, ainsi :

Les nom, prénoms, profession et domicile du bailleur,

La durée du bail,

Le jour du commencement et celui de la fin, — l'indication de la première récolte à faire,

Les noms, prénoms, profession et domicile des preneurs,

Leur présence et leur acceptation,

La désignation des biens ruraux affermés,

La situation, le territoire, le canton, et l'arrondissement des corps de ferme,

Le nombre de pièces d'habitation, les écuries, bergeries, remises, granges, toits à porcs, poulaillers, pigeonniers,

L'indication des cours, basse-cours, jardin, verger, clos, planté ou non,

La clôture en haies, ou murs,

La contenance de chaque pièce d'héritage,

La nature : terre, vigne, pré, bois, marais, savarts, etc.,

La situation, le lieu dit, la commune, le canton, la section et le numéro du cadastre,

Les tenants et aboutissants,

La contenance totale,

La clause de non exception ni réserve,

La propriété sommaire,

La non-garantie quant à la mesure,

Les réserves faites par le bailleur,

Les charges et conditions,

L'obligation par les preneurs de les exécuter solidairement, et notamment :

De tenir garnis les lieux loués de meubles, effets mobiliers, chevaux, bestiaux et attirail de labour pour répondre du loyer,

D'entretenir les bâtimens de réparations locatives et de les rendre en bon état à la fin du bail,

De souffrir sans indemnité les grosses réparations,

De faire les charrois pour les réparations,

De labourer, cultiver et ensemencer par soles et saisons convenables,

De rendre les terres en bon état de culture, — partie en jachères, — partie destinée à recevoir les mars,

De jouir en bon père de famille,

D'engranger leurs récoltes dans les bâtiments de la ferme,

De convertir en fumier les pailles provenant des terres de la ferme, pour les fumer et amender,

De ne pouvoir vendre les pailles provenant des récoltes des dernières années,

De faucher les prés en saison, de les étaupiner, et purger de ronces et épines,

De curer et rafraîchir les fossés, mares, étangs, puits et vidanges,

De rendre, à la fin du bail, une quantité de pigeons égale à celle qu'ils ont reçue,

D'entretenir les arbres fruitiers,

De les tailler, émonder, écheniller, fumer et labourer,

De remplacer à leurs frais les arbres morts par d'autres de même essence,

De ne pouvoir arracher d'arbres,

De faire, au profit des preneurs, la tonte et l'élagage des arbres aux époques convenables, mais sans les étêter,

De laisser à la fin du bail une quantité déterminée en luzerne et en trèfle de l'année, à la condition par le fermier entrant de tenir compte des graines,

De ne pouvoir prétendre aucune diminution pour incendie, grêle, gelée, inondation, stérilité, invasion,

D'avertir le bailleur en cas d'usurpation, à peine d'en demeurer responsable,

De pouvoir ou non chasser,

De pouvoir ou non céder leur droit au bail à des étrangers ou à leurs enfants,

De payer, en sus ou en déduction, les impôts de toute nature, à partir de l'entrée en jouissance, et de payer les frais du bail ;

Le montant du fermage annuel,

Le mode et les époques de payement,

La déclaration que les preneurs, pour plus de sûreté, se soumettent à la contrainte par corps conformément à l'art. 2062 du C. Nap.,

L'obligation par le bailleur de tenir les preneurs clos et couverts,

L'évaluation des charrois et autres charges — seulement pour asseoir la perception du droit d'enregistrement,

La déclaration approximative du montant des impôts, — ou mieux la représentation de l'avertissement délivré par le percepteur,

L'élection de domicile.

Voir *Formule*, Dict. Not.

SECTION III

DU BAIL PARTIAIRE OU A MOITIÉ FRUIT.

Ce n'est qu'une espèce de bail à ferme dont le fermage, au lieu d'être en argent, est une quote-part des récoltes.

Le bail partiaire constate :

Les nom, prénoms, profession et domicile du bailleur,

Le temps du bail,

L'époque du commencement et de la fin;

Les nom, prénoms, profession et domicile du preneur,

Sa présence et son acceptation,

La désignation des héritages loués,

La clause de non-exception ni réserve,

Les charges et conditions du bail,

L'obligation par le preneur de les exécuter : de faire, à ses frais, les travaux de culture, de bien labourer, fumer et ensemencer en temps et saisons convenables,

De ne pouvoir défricher sans le consentement du bailleur,

D'élaguer les arbres,

De remplacer ceux qui viendraient à périr,

De prendre les branches et de laisser les troncs au bailleur,

De transporter ces troncs dans un endroit désigné,

De réparer les fossés et rigoles;

De fournir la moitié des semences et de payer la moitié des impôts, le bailleur en fournissant l'autre moitié,

De faire tous les travaux de moissons, récoltes et vendanges,

De partager les fruits et récoltes entre le bailleur et le preneur, par moitié ou autrement, selon la convention,

De transporter en un endroit désigné la part revenant au bailleur,

De pouvoir ou non céder le droit au bail,

De ne pouvoir demander d'indemnité pour grêle, gelée, incendie, inondation, etc,

De payer les frais,

L'évaluation pour l'enregistrement de la portion revenant annuellement au bailleur,

L'élection de domicile.

Voir *Formule*, Dict. Not.

SECTION IV

DU BAIL A CHEPTEL.

Il y plusieurs sortes de cheptel :

Le cheptel simple ou ordinaire,

Le cheptel à moitié,

Le cheptel donné au fermier ou colon partiaire.

Art. 1. — Du bail à cheptel simple.

Le bail à cheptel simple est un contrat par lequel on donne à un autre des bestiaux à garder, nourrir et soigner, à condition que le preneur profitera de la moitié du croît et qu'il supportera aussi la moitié de la perte (C. Nap. 1804.).

Les art. 1804 à 1817 du Code Napoléon contiennent les règles du cheptel simple, nous y renvoyons nos lecteurs.

Ce bail énonce :

Les nom, prénoms, profession et demeure du bailleur,

Son intention de donner à bail à cheptel simple,

La durée du bail,

Le jour où il commence à courir,

Les nom, prénoms, profession et domicile du preneur,

Sa présence et son acceptation,

La composition du bétail donné à cheptel,

Le nombre, la nature de chaque espèce,

La marque, l'âge, la couleur,

L'estimation par tête et en bloc,

(Souvent cette désignation, au lieu d'être comprise au bail, est contenue en un état annexé),

La reconnaissance par le preneur qu'il est en possession du bétail,

Les conditions que le preneur exécutera :

De nourrir les bestiaux, les garder, soigner et héberger à ses frais,

De profiter seul du laitage, du fumier et du travail des animaux,

De partager ou profiter seul des laines et du croît,

De ne pouvoir tondre sans en prévenir le bailleur,

De ne disposer d'aucune bête du troupeau sans le consentement du bailleur,

De rendre compte des peaux des bêtes,

De remplacer à ses frais les animaux morts par sa faute,

De procéder à une nouvelle estimation à la fin du bail, de laisser le bailleur prendre des bêtes de chaque espèce jusqu'à concurrence de la première estimation et de partager l'excédant. — Dans le cas où il n'existerait pas assez de bêtes pour remplir la première estimation, — le bailleur prendrait ce qui resterait et le preneur payerait la moitié de la perte dans un délai déterminé,

De payer les frais du bail,

L'évaluation pour l'enregistrement seulement de la

portion revenant au bailleur dans le produit annuel du cheptel,

La notification du cheptel au propriétaire de la ferme où les bestiaux sont nourris, afin de conserver les droits du bailleur sur le fonds et le croît,

L'élection de domicile.

Voir *Formule*, Dict. Not.

Art. 2. — Du cheptel à moitié.

Le cheptel à moitié est une société dans laquelle chacun des contractants fournit la moitié des bestiaux qui demeurent communs pour le profit ou pour la perte (C. N. 1818).

On indique :

Les noms, prénoms, professions et demeures du bailleur et du preneur,

Leur intention de réunir, pour former un cheptel à moitié, les différents bestiaux qui leur appartiennent,

La désignation de ces bestiaux et leur estimation, — ou l'état estimatif séparé et annexé,

La quote-part de chacun, relativement à la masse, la moitié, le tiers, etc.

La reconnaissance par le preneur d'être en possession de ces bestiaux,

La durée du cheptel,

Le consentement,

La charge par le preneur de nourrir, héberger et soigner, à ses frais, tous les bestiaux,

Le profit qu'il aura seul, du laitage, du fumier et du travail,

Le partage de la laine et du croît,

La tonte à faire en prévenant le bailleur,

L'interdiction de disposer d'aucune bête du troupeau soit du fonds, soit du croît, sans le consentement du bailleur,

Le remplacement des animaux aux frais du preneur, en cas de perte par faute ou négligence de sa part ; le compte à rendre des peaux,

L'estimation du troupeau à faire à l'expiration du bail,

La nomination d'un ou plusieurs experts,

Le partage du fonds du cheptel selon la mise de chacun,

Le croît partagé dans la même proportion,

L'attribution des lots par le sort. en cas de parts inégales,

La perte supportée en commun, dans la proportion de leurs mises,

L'élection de domicile,

Les frais à la charge du preneur.

Voir *Formule*, Dict. Not.

Art. 3. — Du cheptel donné au fermier ou cheptel de fer.

Ce cheptel est celui par lequel le propriétaire d'une métairie la donne à ferme, à la charge qu'à l'expiration du bail, le fermier laissera des bestiaux d'une valeur égale au prix de l'estimation de ceux qu'il aura reçus (C. N. 1821).

Cet acte porte :

Les noms, prénoms, profession et demeure du bailleur, — et ceux du preneur,

Le temps du bail,

Le jour où il commence à courir,

La présence et l'acceptation du preneur,

La désignation de la métairie ou ferme louée,

La composition du fonds de bétail attaché à l'exploitation de la ferme,

L'état estimé qui en sera dressé,

L'obligation par le preneur de le recevoir comme cheptel de fer,

Les charges et conditions, qui sont les mêmes que pour les baux à ferme,

L'obligation par le preneur de nourrir, soigner et héberger les bestiaux, — de ne pouvoir les vendre, — et de les employer aux travaux de la ferme,

Le profit pour le preneur, des laitages, laine, croît et fumier,

La perte, même fortuite, à la charge du preneur,

La remise du cheptel de même nature et valeur à la fin du bail.

Le reste comme pour les baux à ferme.

Art. 4. — Du cheptel donné au colon partiaire.

Ce cheptel est soumis à toutes les règles du cheptel simple, sauf les exceptions prévues par les art. 1827, 1828 et 1829 du Code Nap. (art. 1830 C. N.).

Ainsi ce cheptel finit avec le bail à métairie (1829 C. N.).

On peut stipuler que le colon délaissera au bailleur sa part de la toison à un prix inférieur à la valeur ordinaire,

Que le bailleur aura une plus grande part de profit,

Qu'il aura la moitié des laitages;

Mais on ne peut pas stipuler que le colon sera tenu de toute la perte (C. N. 1828.), si le cheptel périt en entier sans la faute du colon, la perte est pour le bailleur (C. N. 1828).

Pour toutes les autres autres clauses, voir aux articles précédents.

Voir *Formule,* Dict. Not.

SECTION V

DU BAIL EMPHYTÉOTIQUE.

Le bail emphytéotique est un contrat qui a pour effet de diviser la propriété : — en *domaine direct* représenté par la rente servie au bailleur, — et en *domaine utile* composé de la jouissance des fruits produits par l'héritage.

Le preneur a le droit de vendre, échanger, hypothéquer son domaine utile, sous la réserve toutefois des droits du bailleur.

Le Code Napoléon a gardé le silence le plus absolu sur l'emphytéose qui par suite, se trouve réglée encore aujourd'hui par la loi des 18 et 29 décembre 1790.

Le bail ne doit pas être indéfini ; on peut le faire pour plus de neuf ans, sans jamais que sa durée dépasse quatre-vingt-dix-neuf ans (Loi 18-29 décembre 1790, tit. I, art. 1).

Il peut être fait cependant pour la vie du preneur.

Cet acte indique :

Les nom, prénoms, profession et domicile du bailleur,

La déclaration de louer à bail emphytéotique,

La durée du bail,

Le jour du commencement,

Les noms, prénoms, professions et domiciles des preneurs,

Leur présence et leur acceptation,

La désignation des immeubles,

L'origine de propriété,

Les charges et conditions,

L'obligation par les preneurs de les exécuter,

L'état actuel dans lequel ils devront prendre les biens,

La souffrance des servitudes passives, — et le profit de celles actives,

Les constructions et travaux que les preneurs ont l'intention de faire,

L'entretien des bâtiments est à la charge des preneurs,

La reddition des bâtiments en bon état à la fin du bail,

L'acquit des impôts de toute nature,

Le jour où ces impôts seront à la charge des preneurs,

Le payement des frais d'acte,

Le montant de la redevance annuelle,

L'obligation de payer prise par les preneurs,

Le lieu, le mode et les époques de payement,

Le jour de l'échéance du premier terme,

Les conventions particulières,

Les monnaies avec lesquelles on pourra payer,

L'interdiction d'offrir du papier-monnaie,

La résiliation du bail, à défaut de payement d'un terme à son échéance,

L'acte de mise en demeure à faire pour obtenir la résiliation,

Le temps où cette résiliation aura lieu, après la mise en demeure,

La résiliation aussi dans le cas où les preneurs n'exécuteraient pas les conditions,

Le délaissement et l'abandon, dans ces cas, de toutes les constructions et améliorations, et ce sans indemnité,

La faculté de céder le droit au bail en restant garant,

La faculté de délaisser, par les preneurs, les biens

loués, avec les augmentations, avec ou sans indemnités, — en se dégageant du service de la redevance,

L'évaluation des charges pour la perception de l'enregistrement,

L'élection de domicile.

Voir *Formule*, Dict. Not.

Le droit d'enregistrement est calculé sur un capital de vingt fois le revenu, à moins que la durée soit de moins de vingt ans, — et dans ce cas, on compte le droit sur la multiplication du revenu par le chiffre des années du bail.

Contrairement aux autres baux, celui-ci est soumis au droit de mutation immobilière (Sol. 15 oct. 1824 ; — Cass. 1er avril 1840 et 6 mars 1850).

SECTION VI

DES BAUX PARTICULIERS.

Il y a encore diverses espèces de baux auxquelles nous devons consacrer quelques lignes :

Le bail de chasse,

Le bail de pêche,

Le bail administratif,

Le bail de bois.

Tous ces baux se font de la même manière que les baux ordinaires (sauf le bail administratif, qui a des règlements particuliers); les conditions seules sont modifiées suivant la nature de la location : — nous nous bornerons donc à rappeler les conditions spéciales de chaque bail.

Art. 1. — Du bail de chasse.

L'interdiction de chasser en dehors des bois en temps prohibé, — et avant l'enlèvement de récoltes, en temps permis,

Le permis de chasse au chien courant,

La faculté de fureter, tant de fois par mois,

La destruction des lapins,

La responsabilité personnelle du preneur, envers les voisins, des dégâts et dommages causés par la chasse et le gibier,

Le droit ou l'interdiction de chasser au rabat, en battue, — à la traque, — en plaine, — dans les bois, — dans les vignes,

La faculté ou l'interdiction de céder le droit au bail, — ou de sous-louer en tout ou en partie, — et d'accorder tout permis de chasse,

Le payement des frais.

Voir *Formule*, Dict. Not.

Art. 2. — Du bail de pêche.

L'entretien des chaussées, — vannes, — écluses,

Le payement d'indemnité aux voisins pour crue, inondation, débordement,

L'époque de la pêche,

Le curage de l'étang.

Voir *Formule*, Dict. Not.

Art. 3. — Du bail de bois.

L'obligation de se conformer, pour l'ordre des coupes de bois, à l'aménagement établi,

L'interdiction d'avancer ou de retarder les coupes,

La manière d'abattre les bois, — à la cognée, — à la scie ou autrement,

Le temps où la vidange des coupes devra être terminée,

Les chemins et routes par lesquelles la vidange devra s'effectuer,

Les endroits où l'on pourra établir des fourneaux et des loges,

La réparation des dégradations,

Les dommages-intérêts à payer au bailleur pour les dégâts causés aux pieds cormiers, baliveaux, parois, lisières,

La responsabilité des délits commis dans les bois,

Le curage et l'entretien des fossés,

La largeur et la profondeur de ces fossés,

La réserve par le bailleur pour chaque année, — d'arbres anciens ou modernes,

La manière dont les arbres à réserver et à abattre seront marqués.

Voir *Formule*, Dict. Not.

Art. 4. — Du bail administratif.

Les baux des biens nationaux, des biens des communes et des établissements publics sont soumis à des règles particulières (C. N. 1712).

Ces baux doivent avoir lieu par adjudication et aux enchères ; — le maire comparaît, sous la surveillance de l'administration supérieure, — et l'adjudication n'est définitive qu'après l'approbation du préfet.

C'est, du reste, du jour de cette approbation que court le délai de vingt jours pour l'enregistrement de l'acte.

Les conditions sont les mêmes que pour les baux ordinaires.

L'adjudication doit être précédée des affiches et publications nécessaires (Ord. roy. du 7 octobre 1818, art. 3).

Voir *Formule*, Dict. Not.

SECTION VII

DU TRANSPORT DE BAIL ET DU SOUS-BAIL.

Le transport de bail est la cession complète de tous les droits du preneur.

La cession d'une partie de ces droits n'est qu'un sous-bail.

Le transport de bail et le sous-bail sont soumis au même droit d'enregistrement que les baux ordinaires (Loi 22 frim. an VII, art. 69, § 3, n° 2).

Art. 1. — Du transport de bail.

Cet acte contient :

Les nom, prénoms, profession et domicile du cédant,

La garantie sous laquelle le transport est fait, — garantie entière, — des faits et promesses seulement, ou nulle,

Les nom, prénoms, profession et domicile du cessionnaire,

Sa présence et son acceptation,

Les droits cédés,

Le jour de l'entrée en jouissance,

La date du bail,

Le nom du notaire qui l'a reçu,

Les noms du propriétaire,

La désignation des lieux loués,

Le loyer annuel,

Le mode et les époques de payement,

Les clauses et conditions du bail,

Le pot de vin stipulé au profit du cédant, s'il y en a,

Le payement de ce pot de vin, — ou l'époque de payement,

Le remboursement au cédant des loyers par lui payés d'avance,

La remise des titres au cessionnaire, — expédition du bail, — état des lieux, — et consentement du propriétaire,

Ou l'obligation de rapporter sous un certain délai le consentement du propriétaire,

L'élection de domicile.

Voir *Formule*, Dict. Not.

Art. 2. — Du sous-bail.

Le preneur a toujours le droit de sous-louer et même de céder son bail à un autre, quand cette faculté ne lui a pas été expressément interdite (C. N. art. 1717).

Cet acte contient :

Les nom, prénoms, profession et domicile du locataire principal,

La date du bail, — le nom du notaire qui l'a recu,

Le temps à courir,

Les nom, prénoms du propriétaire,

La durée de la sous-location,

Le jour où elle commence à courir,

Les nom, prénoms, profession et domicile du sous-locataire,

Sa présence et son acceptation,
La désignation des lieux sous-loués,
Le prix annuel de la sous-location,
L'obligation de payer par le sous-locataire,
Le mode et l'époque de payement,
Les conditions du bail,
Et le reste absolument comme pour le bail.
Voir *Formule*, Dict. Not.

SECTION VIII

DE LA RÉSILIATION DE BAIL.

La résiliation de bail contient :

Les noms, prénoms, professions et domiciles du propriétaire, — et du locataire,

L'exposé rappelant : — la date du bail, — le nom du notaire qui l'a reçu, la durée du bail, — la désignation des lieux loués, — le montant du loyer,

La résiliation d'un commun accord,

Le jour où elle aura son effet,

L'obligation par l'acquéreur de rendre les lieux en bon état de réparations locatives, d'après l'état des lieux,

La remise des clefs,

Le payement des loyers échus,

La justification de l'acquit des contributions,

L'indemnité couvenue, — ou la déclaration que la résiliation a lieu sans indemnité,

En cas d'indemnité, le payement — ou l'obligation de la payer dans un délai fixé, avec ou sans intérêts,

La convention relativement aux loyers d'avance,

Le payement des frais,

L'élection de domicile.

Voir *Formule*, Dict. Not.

Même droit d'enregistrement que le bail pour les années restant à courir.

CHAPITRE II

Des ventes d'immeubles.

La vente a été définie par le législateur : une convention par laquelle l'un s'oblige à livrer une chose — et l'autre à la payer (C. N. 1582).

Pour qu'une vente soit parfaite, il faut donc le concours de trois choses : — *res*, — *pretium*, — *consensus*, — le consentement du vendeur et de l'acquéreur, — l'objet de la vente, — et le prix.

Tout ce qui est dans le commerce peut être vendu (C. N. 1598), sauf les choses dont l'aliénation a été prohibée par des lois particulières.

Nous n'avons à nous occuper ici que des ventes immobilières, les plus importantes de toutes, au sujet desquelles il faut que le vendeur ait toute la capacité d'aliéner.

A l'égard des ventes mobilières, nous nous en sommes occupé sous le ch. 1er, tit. v.

La vente peut être faite par acte authentique, — ou sous seings-privés (C. N. 1582).

Par acte authentique, elle a lieu, — à l'amiable. — ou par adjudication, — volontaire ou judiciaire.

Nous allons nous occuper, sous les sections ci-après, de ces différentes espèces de ventes.

Nous consacrerons un article spécial à l'établissement de propriété.

Les ventes d'immeubles sont assujetties au droit de

5 fr. 50 p. 100, sur le prix et les charges (Loi du 28 avril 1816, art. 52).

SECTION PREMIÈRE

DES VENTES AMIABLES.

Art. 1. — Des ventes ordinaires d'immeubles.

Ces ventes indiquent :

Les nom, prénoms, profession et demeure du vendeur,

La déclaration de vendre,

La garantie sous laquelle la vente a lieu, — garantie de troubles, dons, dettes, douaires, hypothèque, éviction, aliénation, surenchères et autres empêchements,

Les nom, prénoms, profession et domicile de l'acquéreur,

Sa présence et son acceptation,

La désignation de l'immeuble vendu, — désignation complète, — si c'est une maison : la rue et le numéro, le nombre d'étages, de pièces, les dépendances ; — si ce sont des pièces de terre ; la contenance, la situation, le lieu dit, le territoire, la nature du sol, les tenants et les aboutissants, la section et le numéro du cadastre,

La déclaration de non-exception ni réserve,

L'établissement de propriété (Voir *infra*, section III),

Le jour de l'entrée en jouissance,

Les charges et conditions de la vente,

L'obligation par l'acquéreur de les exécuter,

L'état dans lequel l'acquéreur prendra les biens vendus,

La non-garantie, relativement au mauvais état des biens, vices de constructions, défauts de réparations,

La stipulation de non-garantie ou de garantie relativement à la contenance,

La souffrance des servitudes passives, — et la jouissance de celles actives,

L'indication des servitudes de l'une ou de l'autre espèce qui sont à la connaissance du vendeur,

L'entretien des baux et locations existants, — l'indication de ces baux, — les noms des locataires, — la désignation des immeubles loués, — le temps qui reste encore à courir, — le loyer annuel, — la date du bail, — le nom du notaire qui l'a reçu, — ou la copie textuelle de la mention d'enregistrement (on sait qu'on ne peut énoncer dans les actes que les sous seings-privés enregistrés, et encore en rapportant dans son entier la mention d'enregistrement),

L'obligation de tenir compte en déduction ou sans déduction du prix, des loyers payés d'avance,

L'exécution de l'assurance contre l'incendie — l'énonciation de la police d'assurance avec la mention d'enregistrement,

La compagnie à laquelle l'immeuble est assuré,

L'annexe de la police,

Le payement des primes et cotisations,

L'obligation de continuer l'assurance jusqu'au payement du prix,

Ou l'obligation d'assurer à une compagnie indiquée jusqu'à l'entier payement du prix,

L'acquit à partir de l'entrée en jouissance des contributions grevant les biens vendus,

Et le payement des frais d'acte,

Le montant du prix principal,

Le mode et les époques de payement de ce prix,

La personne qui devra recevoir et le lieu où le payement sera effectué,

Les intérêts que le prix produira,

Le jour de départ de ces intérêts,

Le mode et les époques de leur payement,

La délégation, s'il y en a (Voir ch. *des Délégations*, supra),

La quittance, si le prix ou une partie est payé comptant,

La réserve de privilége sur les biens vendus, pour sûreté du prix ou de ce qui reste dû,

Le transport, en cas de sinistre, de l'indemnité qui serait accordée par la compagnie, — avant le payement intégral du prix, — jusqu'à concurrence de ce prix ou de ce qui en restera dû,

La signification à faire de ce transport à la compagnie,

L'accomplissement des formalités de transcription et de purge légale,

Le bureau des hypothèques où la transcription aura lieu,

L'obligation de rapporter les mainlevées et certificats de radiation des inscriptions qui se rencontreraient sur les biens vendus,

Le délai dans lequel le vendeur devra rapporter ces mainlevées et certificats de radiation,

La garantie par le vendeur des frais extraordinaires de transcription et de purge,

La remise des titres, — constatée par le contrat — ou promise lors du payement de la première portion du prix,

La nature, la date de chaque titre,

La subrogation donnée à l'acquéreur pour se faire délivrer à ses frais tous autres titres,

La promesse faite par le vendeur de communiquer les titres qu'il conserve, sous récépissé et sans frais,

L'état civil du vendeur,

Son mariage, — la date de la célébration ou de son contrat de mariage, — l'indication du régime sous lequel il est marié,

Les différentes clauses nécessaires à prouver que la femme (si les immeubles viennent de son côté) a la libre disposition de ses biens,

Les tutelles dont il est chargé, — les noms et âge des mineurs ou interdits, — la date du compte qu'il leur a rendu,

Les diverses fonctions emportant hypothèque légale remplies par le vendeur, — tuteur, — curateur, — comptable de deniers publics, — caution de comptable, —

L'élection de domicile.

Quelquefois il y'a lieu de faire une déclaration de remploi, lorsque l'acquisition a été faite pour remplacer des immeubles appartenant à la femme de l'acquéreur, qui ont été vendus, — et dont le prix est destiné à payer la nouvelle acquisition.

Alors il faut indiquer :

La désignation sommaire des biens vendus,

La date de la vente,

Le nom du notaire qui a reçu le contrat,

Les noms de l'acquéreur,

Le prix de la vente,

La déclaration du remploi jusqu'à concurrence de ce prix,

L'acceptation expresse de ce remploi par la femme de l'acquéreur.

Voir *Formule*, Dict. Not.

Art. 2. — Des ventes à réméré.

La faculté de réméré ou de rachat est un pacte par lequel le vendeur se réserve de reprendre la chose vendue moyennant la restitution du prix principal et le remboursement des frais, loyaux coûts et augmentations faites à l'immeuble (C. N. 1659-1673.).

Cette faculté ne peut être stipulée que pour 5 années (C. N. 1660.).

Le contrat de vente donne :

Les nom, prénoms, profession et domicile du vendeur,

La garantie sous laquelle la vente est faite,

Les nom, prénoms, profession et domicile de l'acquéreur,

Sa présence et son acceptation,

La désignation des biens vendus,

La clause de non-exception ni réserve,

L'établissement de propriété,

L'entrée en jouissance,

La réserve expresse de rachat ou de réméré faite par le vendeur,

Le temps pendant lequel il peut user de cette faculté,

Le remboursement du prix et des loyaux coûts en cas d'exercice du droit de réméré,

La déchéance de ce droit à l'expiration du délai fixé, sans que le vendeur l'ait exercé,

Les charges et conditions comme aux ventes ordinaires,

Le prix, — la quittance de ce prix,
La transcription et la purge,
L'état civil,
La situation hypothécaire,
La remise des titres,
L'élection de domicile.
Voir *Formule,* Dict. Not.

SECTION II

DES ADJUDICATIONS.

Art. 1. — Des adjudications volontaires.

Le procès-verbal d'adjudication est toujours précédé d'un cahier des charges, — soit séparé, — soit sur le même timbre.

§ 1. — Du cahier des charges.

Le cahier des charges indique :

Les nom, prénoms, profession et demeure du vendeur,

Son intention de vendre,

Le jour et le lieu où cette vente aura lieu,

Le notaire qui y procèdera,

Les publications dont on l'a fait précéder,

La réquisition faite au notaire d'établir le cahier des charges,

La désignation des biens à vendre par lots,

La division des lots qui doivent être divisés,

L'énonciation des baux et locations à entretenir ou la déclaration qu'il n'y en a point,

L'établissement de la propriété,

L'état civil du vendeur,

Les conditions et charges,

La stipulation de garantie,

Les servitudes passives à supporter par les acquéreurs, — les servitudes actives dont il profitera,

Le jour de l'entrée en jouissance,

Le jour où les impôts seront à la charge des acquéreurs,

L'assurance ou l'obligation de faire assurer,

Les frais et honoraires du notaire à payer en sus du prix,

Le délai pour payer ces frais,

La consignation des droits d'enregistrement dans les 24 heures,

La reprise des publications à défaut de consignation — ou en cas de résolution,

La résolution pour défaut de payement du prix,

Les époques de payement du prix,

Les intérêts que ce prix produira,

Le jour du départ de ces intérêts,

Le lieu et le mode de payement,

La réserve de privilége en faveur du vendeur,

La transcription et la purge des hypothèques légales,

La remise des titres,

L'élection de domicile,

Le mode des enchères,

La mise à prix de chaque lot,

La fixation du jour de l'adjudication — ou la réquisition d'y procéder de suite.

§ 2. — Du procès-verbal d'adjudication.

Il contient :

La date et l'heure où il est procédé,

Le lieu choisi pour l'adjudication,

La mention de lecture du cahier des charges, par le notaire,

La réquisition de procéder à la réception des enchères,

La constatation que le notaire a obtempéré à la réquisition du vendeur,

La réception des enchères — à l'extinction des feux ou autrement,

La désignation du lot mis en vente,

La mise à prix de ce lot,

Les feux allumés,

Le chiffre de la dernière enchère portée,

Les nom, prénoms, profession et domicile de la personne qui a porté cette enchère,

L'extinction de deux nouvelles bougies sans enchères,

L'adjudication prononcée par le notaire en faveur du dernier enchérisseur,

Sa présence et son acceptation,

Le prix de l'adjudication,

L'obligation par l'acquéreur de le payer et d'exécuter les charges et conditions conformément au cahier des charges,

L'élection de domicile,

La signature par l'acquéreur.

La même chose pour les autres lots.

Quand un enchérisseur se rend acquéreur pour une autre personne, il en fait la déclaration de suite, en acceptant pour elle ou en signant avec elle, — ou encore en faisant une déclaration de command dans les 24 heures de l'adjudication.

Si un lot n'est pas vendu, — on en constate la mise en vente et la non-adjudication.

Voir *Formule*, Dict. Not.

Art. 2. — Des adjudications judiciaires.

Ces adjudications contiennent quatre actes :

Le cahier des charges,

Le dépôt de ce cahier des charges,

Les dires précédant l'adjudication,

Enfin l'adjudication.

Le cadre que nous allons donner peut servir à toutes les adjudications ordonnées en justice, telles que celles :

De biens de mineurs ou interdits,

Sur licitation,

De biens dans les successions bénéficiaires,

De biens de succession vacante,

De biens de faillis,

Par suite de conversion de saisie immobilière et de biens dotaux.

§ 1. — Cahier des charges.

On énonce :

Les nom et la résidence du notaire commis,

L'objet du cahier des charges,

L'énonciation du jugement ordonnant la vente,

La date de ce jugement,

Le siége du tribunal qui l'a rendu,

Le dispositif du jugement,

Les noms, prénoms, profession et domicile de tous ceux qui y sont dénommés,

La désignation des biens à vendre,

L'énonciation des baux et locations, — ou la déclaration qu'il n'y en a point,

L'établissement de la propriété,

L'état civil,

Les charges et conditions, savoir :

1° La stipulation relative à la garantie,

2° Les servitudes passives que les acquéreurs devront souffrir, — et celles actives dont ils jouiront,

3° L'entretien des baux,

4° Le jour de l'entrée en jouissance,

5° Le jour où les contributions seront à la charge des acquéreurs,

6° L'assurance contre l'incendie avec annexe de la police timbrée et enregistrée — ou l'obligation d'assurer ; — avec transport d'indemnité de sinistre en faveur du vendeur,

7° Les frais de poursuite, de vente et la remise de l'avoué à payer en sus ou en déduction du prix, — le délai dans lequel ces frais devront être payés,

8° Les frais et honoraires dus aux notaires, pour : les honoraires du cahier des charges fixés par l'ord. du 10 oct. 1841, art. 14 : à Paris 2 fr. par rôle de 25 lignes à la page et 12 syllabes à la ligne; — dans le ressort 1,50;

La vacation de dépôt et dires, 9 fr. à Paris; — 6 fr. dans les villes où il y a un tribunal de première instance; — 4 fr. partout ailleurs (art. 168 du tarif 1807.)

La remise proportionnelle (§ 2 de l'art. 14 et § 15 de l'art. 11 de l'ord. de 1841,) 1 p. 100 jusqu'à 10,000 fr., — 1/2 p. 100 jusqu'à 50,000, — 1/4 jusqu'à 100,000 — 1/8 au-dessus,

Le coût d'une expédition pour l'adjudicataire et d'une grosse pour le vendeur,

9° Les formalités de transcription et de purge —

l'obligation par le vendeur de rapporter les mainlevées et certificats de radiation dans un délai — et d'indemniser les adjudicataires des frais extraordinaires de transcription et de purge,

10° Le payement du prix, — les époques de payement, — les intérêts, — le jour de leur départ, — l'époque de leur payement, — l'endroit où le payement sera fait et la manière de l'effectuer,

11° La prohibition de détériorer avant le payement du prix,

12° La folle enchère en cas de non payement,

13° La remise des titres, — l'époque où cette remise aura lieu, — et l'indication des titres qui seront remis à l'adjudicataire de chaque lot,

14° La fixation et mode des enchères, — minimum des enchères, — les personnes qui pourront enchérir,

15° La déclaration de command, — la solidarité du command avec le commanditaire, — le délai de 24 heures accordé pour déclarer command,

16° L'élection de domicile pour le vendeur, — l'obligation pour l'acquéreur d'élire domicile au moment de l'adjudication,

17° L'attribution de juridiction, — le siége du tribunal à la juridiction duquel les adjudicataires et les vendeurs seront soumis,

18° Les mises à prix pour chaque lot, — la faculté de réunir plusieurs lots en un seul, — ou de diviser un lot en plusieurs parties,

La réserve d'apporter au cahier des charges toutes modifications,

La fixation du jour de l'adjudication,

La clôture du cahier des charges, — contenant la

mention de la signature par le notaire seul — et du jour où il l'a rédigé en son étude.

Quant au dépôt de ce cahier des charges, Voir ch. 7, Tit. IV *des Dépôts*, sect. II, art. IV § 1er.

Voir *Formule*, Dict. Not.

§ 2. Du dire précédant l'adjudication.

Ce dire est un procès-verbal passé devant le notaire, — et non par lui seul, comme le cahier des charges,

Il doit faire connaître :

Le jour et l'heure de la comparution,

Les noms, prénoms, profession et domicile de la ou des parties poursuivantes,

La sommation faite à la requête du poursuivant aux autres parties,

La date de cette sommation,

Le nom de l'huissier qui l'a signifiée,

Les noms, prénoms, profession et demeure de chacune des parties sommées,

L'objet de la sommation, — la communication du cahier des charges, — l'approbation ou les dires et observations,

Le nom de ou des avoués assistants,

La lecture et la signature par le poursuivant et son avoué,

La comparution des parties sommées — ou le défaut donné contre celles qui ne comparaissent pas,

La déclaration par celles présentes de comparaître au désir de la sommation,

La lecture du cahier des charges,

Son approbation, — ou les diverses modifications qui y ont été apportées,

Lorsqu'il y a des difficultés, — le notaire renvoie parties à se pourvoir devant le tribunal;

La clôture du procès-verbal,

Le nombre de vacations,

La signature par les parties, — après la lecture faite par le notaire.

Voir *Formule*, Dict. Not.

§ 3. — Du procès-verbal d'adjudication.

Le procès-verbal d'adjudication énonce :

Le jour et l'heure annoncés pour l'adjudication,

La date du cahier des charges,

La comparution des parties devant le notaire,

Les noms, prénoms, professions et domiciles des comparants,

L'apposition des affiches,

Le nom de l'huissier qui a fait le procès-verbal de placard,

La date de l'exploit,

Les endroits où l'apposition a eu lieu,

L'insertion du placard dans un journal d'annonces judiciaires,

Le jour où l'insertion a eu lieu,

Le titre du journal,

L'exemplaire légalisé et enregistré,

La copie littérale de la mention d'enregistrement,

L'annexe de cet exemplaire et du procès-verbal de placard,

Les sommations faites aux subrogés tuteurs, — aux colicitants — aux créanciers,

L'annexe des originaux de ces sommations,

Le montant total des frais de poursuite, — et le détail, — c'est-à-dire la portion à la charge de chaque lot;

Les frais de poursuite, comprenant aussi ceux du cahier des charges évalués en rôles, doivent être taxés;

La réquisition par le comparant, du défaut contre les non comparants, — de la lecture du cahier des charges, — et de la réception des enchères,

La lecture et la signature par le comparant et son avoué,

L'intervention des parties sommées,

Leur déclaration de comparaître pour être présentes à ladite adjudication,

Le consentement donné par elles à cet effet,

La lecture et la signature de ces parties,

Le défaut donné contre les autres parties non comparantes,

La lecture du cahier des charges par le notaire,

La réception des enchères pour chaque lot,

La désignation et la mise à prix de chaque lot,

L'ouverture des enchères et les bougies allumées,

Le montant de la dernière enchère,

Les nom, prénoms, profession et demeure de l'enchérisseur,

L'extinction de deux bougies sans enchères,

La proclamation de l'adjudication par le notaire,

Le nom de l'enchérisseur adjudicataire,

Sa présence et son acceptation,

Le prix de l'adjudication,

L'obligation de payer ce prix aux époques et de la manière indiquées, — et d'exécuter toutes les clauses et conditions insérées au cahier des charges,

La réserve faite par lui de déclarer command,

L'élection de domicile,

La lecture et la signature.

On continue ainsi pour chacun des lots mis en vente,

— puis, lorsque les lots sont nombreux, on termine par une récapitulation pour faire connaître le montant total de la vente, — et montrer d'un coup d'œil le résultat de l'adjudication ;

On passe ensuite à la clôture du procès-verbal, — la lecture du tout par le notaire aux parties et la signature par celles-ci, leurs avoués, les notaires, — ou le notaire et les témoins.

Voir *Formule*, Dict. Not.

SECTION III

DE L'ÉTABLISSEMENT DE PROPRIÉTÉ.

L'importance de l'établissement de propriété nous force de consacrer à cette matière une section spéciale.

Pour être propriétaire incommutable il faut posséder depuis plus de 30 ans ; — il est donc nécessaire de faire toujours remonter l'origine au moins à 30 ans.

On peut être propriétaire à divers titres ;

A titre successif,

A titre gratuit,

A titre onéreux.

Dans le premier cas, par succession — ou en vertu d'un acte de liquidation et partage;

Dans le second, par donation ou testament;

Dans le troisième, par acquisition, — cession, — échange.

Nous diviserons cette section en trois articles.

Disons d'abord que l'on commence toujours par établir la propriété en la personne des vendeurs pour remonter successivement vers les anciens propriétaires.

Dans ce cas, il faut établir la qualité héréditaire;

L'inventaire — ou, à son défaut, l'acte de notoriété établit cette qualité.

On demande encore :

Si l'héritier vient de son chef ou par représentation, — la quotité qui lui revenait dans la succession; s'il vient par représentation, — il doit justifier de ses droits dans la succession de la personne qu'il représente,

S'il est venu par suite de la renonciation d'un héritier plus proche,

Si la renonciation d'un héritier a accru sa part,

Dans ces deux cas justifier de l'acte de renonciation.

Si, au lieu d'héritiers légitimes, ce sont des enfants naturels — ou l'époux survivant — ou même l'État, ils doivent justifier de leur envoi en possession par justice, car ils ne sont pas saisis de plein droit.

Lorsqu'il y a plusieurs héritiers, la mutation à titre successif est plus spécialement constatée par un partage.

On énonce alors :

La nature du partage — amiable ou judiciaire,

Les formalités diverses faites pour y parvenir, s'il est judiciaire,

La date de l'acte,

Le nom du notaire qui l'a reçu,

L'homologation du tribunal,

Les noms des différents héritiers,

Leurs qualités héréditaires,

Le lot attribué ou échu au propriétaire de l'immeuble dont on établit l'origine,

Les incapacités des copartageants,

La régularisation au moyen de l'homologation — de la ratification — ou du décès,

La soulte mise au profit ou à la charge du lot dont s'agit,

L'hypothèque prise en garantie,

Le payement de la soulte,

La mainlevée et la radiation de l'hypothèque.

Quelquefois aussi la propriété se transmet au moyen d'une cession de droits successifs,

La cession a-t-elle ou non fait cesser l'indivision?

Si non, on rappelle le partage qui l'a suivie, et alors c'est une vente ordinaire,

Si oui, elle est considérée comme partage, et le cessionnaire s'est trouvé avoir seul droit à toute l'hérédité.

La date de la cession,

Le prix et le payement de ce prix.

Voir *Formule*, Dict. Not.

Art 2. — De la propriété transmise à titre gratuit.

La propriété est souvent transmise par donation ou testament.

La donation, incertaine pendant la vie du donateur, devient un titre régulier à son décès.

Il y a donc lieu de savoir :

Si le donateur est décédé,

S'il a laissé ou non des héritiers à réserve, — ascendants ou descendants,

Si la donation a dû être réduite,

Si les héritiers à réserve ont consenti à la donation.

Ainsi on énonce :

L'acte de donation;

L'acte de décès du donateur,

L'acte de notoriété établissant que le donateur n'a laissé aucun héritier à réserve,

Ou, s'il en a laissé, le consentement donné par les héritiers à l'exécution de la donation.

Quand le donateur existe encore, comme la donation est incertaine, il faut le concours à la vente du donateur ou son consentement exprès.

A l'égard des testaments, il faut distinguer :

Si le testament est par acte public, on l'énonce, car il n'est soumis à aucune formalité préalable;

S'il est, au contraire, mystique ou olographe, on rapporte la présentation au président du tribunal, l'ouverture et le procès-verbal de constatation fait par lui — et le dépôt chez un notaire commis, conformément à l'art. 1007 du C. N.

S'il n'y a pas d'héritier à réserve, le légataire universel prouve son envoi en possession, — quand le testament est olographe ou mystique; — cet envoi est inutile avec un testament authentique.

S'il y a des héritiers à réserve, il faut indiquer l'acte de délivrance au légataire universel,

Cet acte de délivrance est indispensable, — car jusque-là les légataires ne sont pas saisis.

Le légataire à titre universel et le légataire particulier demandent aussi la délivrance aux héritiers à réserve; — à leur défaut, au légataire universel — ou aux héritiers appelés dans l'ordre des successions.

Il va sans dire que lorsqu'il n'y a pas d'héritiers à réserve — il faut exiger un acte de notoriété.

On assimile au testament public — quant à l'exécution et aux effets, — les donations de biens à venir faites entre époux.

Voir *Formule*, Dict. Not.

Art. 3. — De la propriété transmise à titre onéreux.

Le moyen le plus fréquent de la mutation de propriété est la vente.

La vente peut être amiable ou judiciaire.

Quand la vente est faite par deux époux, on recherche si l'immeuble est un propre de la femme, — et dans ce cas, on exige la représentation du contrat de mariage pour prouver qu'il ne contient aucune prohibition d'aliéner;

Quand la vente est faite par un vendeur seul — i est célibataire — ou veuf.

Célibataire, il en fait une déclaration — voilà tout;

Veuf, — l'immeuble a-t-il été acquis avant, — pendant — ou après le mariage?

L'immeuble acquis avant le mariage est un propre que l'on peut aliéner seul, même pendant le mariage — car la femme n'a qu'un droit d'hypothèque légale sur cet immeuble, — et on peut l'affranchir au moyen de la purge;

L'immeuble acquis après le mariage est exempt de tous droits de la part des représentants de la femme;

L'immeuble acquis pendant le mariage est un conquêt de communauté — dont le mari, chef de la communauté, dispose seul, pendant le mariage, — ou un remploi appartenant à la femme — ou une acquisition personnelle faite par le mari non commun en biens, et que grève seule l'hypothèque légale de la femme.

Lorsqu'un veuf — ou une veuve — vend un immeuble de communauté, il doit justifier de sa qualité :

De donataire ou légataire universel en toute propriété, de son conjoint décédé sans héritier à réserve,

D'abandonnataire de l'immeuble, en vertu d'une licitation ou d'un partage,

De cessionnaire des droits successifs des héritiers,

De seul propriétaire de la communauté par suite de la renonciation des héritiers de la femme.

L'acquisition peut encore avoir été faite par adjudication ; — dans ce cas, on sait :

Si l'adjudication était volontaire, — et alors les observations ci-dessus lui sont applicables,

Si l'adjudication était judiciaire, — alors il faut rappeler toutes les formalités remplies pour y parvenir : — autorisation de conseil de famille, — homologation, — saisie, — conversion de saisie, etc.

Ce n'est pas tout de prouver que l'on a acheté régulièrement — il faut aussi prouver que l'on a régulièrement payé ; cette preuve se fait ainsi :

Après avoir énoncé l'acquisition et le prix, on rapporte les formalités de transcription, — l'inscription d'office et toutes les inscriptions contenues en l'état délivré lors de la transcription — et celles de purge des hypothèques légales : la copie collationnée déposée au greffe, — les notifications, — l'insertion dans le journal judiciaire, le procès-verbal constatant la durée de l'exposition au greffe, le certificat du conservateur des hypothèques.

Lorsque la transcription ou la purge révèle des inscriptions, le payement n'a pu avoir lieu, à cause de l'existence de ces inscriptions, il faut donc énoncer les mainlevées et radiation, — à moins cependant qu'il n'y ait quelque délégation spéciale.

S'il n'y a pas d'inscription ou que les mainlevées et radiations soient justifiées, le payement a pu être fait aux vendeurs qui donnent mainlevée de l'inscription d'office.

On peut encore payer : — à un cessionnaire, — à un créancier délégataire, aux créanciers par suite d'un ordre, — à des héritiers ou légataires, — toutes qualités qui devont être appuyées de pièces justificatives.

Souvent encore la libération s'opère : — par compensation entre deux personnes débitrices, — par confusion, une même personne réunissant les qualités de créancier et débiteur, — ou encore au moyen du dépôt fait à la caisse des consignations avec les offres réelles préalables validées par un jugement ou acceptées par le créancier.

Nous ne parlons pas de la transmission au moyen d'échange : l'échange étant assimilé à la vente pour presque tous les cas. Mais il faut toujours s'assurer qu'il n'existe pas de clause domaniale.

Voir *Formule*, Dict. Not.

CHAPITRE III

Des quittances.

La quittance constate la libération et affranchit l'immeuble des actions, privilége et hypothèque,

La quittance peut être :

Pure et simple,

Avec mainlevée d'inscription,

Donnée par le délégataire,

Donnée par les créanciers,

Par suite d'ordre.

Le droit d'enregistrement est de 50 cent. pour 100 fr. sur le total des sommes payées. (Loi du 22 frim. an VII, art. 69, § 2, n° 11.)

SECTION PREMIÈRE

QUITTANCE PURE ET SIMPLE.

On rapporte :

Les nom, prénoms, profession et domicile du recevant,

La reconnaissance du reçu,

Les nom, prénoms, profession et domicile du payant,

La présence de celui-ci,

La nature des espèces données en payement,

La délivrance à la vue ou hors la vue du notaire,

La totalité de la somme payée,

La composition de cette somme,

Le montant du capital,

La cause de la dette, — obligation, — vente, etc.,

La date de l'acte,

Le nom du notaire qui l'a reçu,

L'indication sommaire des objets vendus, si c'est une vente,

Le montant des intérêts,

Le taux de ces intérêts,

Le temps pendant lequel ils sont comptés,

Le total égal,

La quittance et la libération, — sans réserve si tout est payé ; — avec réserve s'il reste dû quelque chose,

La mainlevée de l'inscription d'office,

La date de cette inscription,

Le volume et le numéro,

Le bureau où elle a été prise,

La radiation consentie — partiellement ou définitivement,

La décharge du conservateur,

La transcription du contrat de vente,

Le bureau où cette transcription a eu lieu,

La date, le volume et le numéro,

L'état des inscriptions,

La date de cet état,

Le contenu — en rappelant les inscriptions et la mainlevée qui en a été donnée,

La date de ces mainlevées,

Ou le certificat constatant la radiation de ces inscriptions — ou bien encore le certificat constatant qu'il n'existe aucune transcription,

Les certificats de non transcription,

La purge des hypothèques légales,

La date du dépôt de la copie collationnée,

Le siége du tribunal où ce dépôt est fait,

L'affiche de l'extrait dans l'auditoire du tribunal,

La notification de ce dépôt,

Les noms des personnes à qui la notification a été faite,

La date de l'exploit,

Le nom et la résidence de l'huissier,

Le journal dans lequel la notification a été insérée,

Le jour de l'insertion,

La légalisation d'un exemplaire du journal,

L'enregistrement dont la mention doit être rapportée en entier,

La date de l'acte du greffe constatant le retrait de l'affiche,

La date du certificat délivré par le conservateur

et constatant que pendant l'accomplissement de ces formalités il n'est survenu aucune inscription d'hypothèque légale,

L'annexe, au besoin, des pièces de purge et de l'état des inscriptions,

La remise des titres promis,

La décharge de ces titres,

La désignation détaillée, pièce par pièce, des différents titres remis,

Le consentement à ce que la mention de la quittance soit mise partout où elle sera nécessaire.

Voir *Formule*, Dict. Not.

SECTION II

DES QUITTANCES D'ORDRE.

On énonce :

Les nom, prénoms, profession et domicile du débiteur,

L'exposé fait par lui, contenant :

La date de l'adjudication prononcée à son profit,

Les biens à lui adjugés,

Les noms du vendeur,

Ceux des poursuivants à la vente,

Les prix d'adjudication,

Les époques de payement,

Le taux et le départ des intérêts,

La transcription du procès-verbal,

La date, le vol, le numéro,

Le bureau des hypothèques,

L'état des inscriptions,

La date de cet état,

Le résumé — avec la date, le volume, le numéro de chaque inscription, les noms des créanciers, le principal de la créance — et le titre constitutif,

Les certificats de non transcription,

Les formalités de purge comme dans la section précédente,

Le tableau divisé par colonnes contenant les principales indications de chaque hypothèque, de manière à présenter d'un coup d'œil la situation hypothécaire constatée par l'état des inscriptions,

La notification faite par l'acquéreur à tous les créanciers inscrits et aux domiciles par eux élus — de : 1° l'extrait de l'adjudication ; — 2° l'extrait de la transcription ; — 3° et le tableau des créanciers inscrits,

La date de cette notification,

Le nom et la résidence de l'huissier,

L'expiration des délais de surenchère,

Les surenchères formées — ou la déclaration qu'il n'en a pas été formé,

L'ouverture de l'ordre au greffe du tribunal,

La date de cette ouverture,

Le juge commis à cet effet,

La date de la clôture provisoire,

La date de la clôture définitive,

La mainlevée, prononcée par le procès-verbal d'ordre, des inscriptions ne venant pas en ordre utile,

La date de la radiation de ces inscriptions,

L'indication des inscriptions encore subsistantes,

Le décompte des prix d'adjudication,

Le montant en principal,

Le montant des intérêts depuis le jour de leur départ jusqu'au jour du payement,

Le total en principal et intérêts,

Les frais extraordinaires de transcription et de purge à déduire,

Le résultat de la soustraction indiquant la somme à distribuer,

L'état des collocations,

Les nom, prénoms, profession et domicile de chaque créancier colloqué par le règlement définitif et dans l'ordre de ce règlement,

Le montant de la collocation de chacun avec détail en principal, intérêts et frais,

La réunion de toutes les collocations,

L'excédant des collocations sur la somme à distribuer,

L'obligation par le dernier créancier venant en ordre utile de supporter tout le déficit, sauf son recours contre son débiteur,

Le payement,

Les espèces comptées,

La délivrance à la vue du notaire,

La présence de chaque créancier recevant,

Le montant de la somme touchée par chacun d'eux,

Le total des payements — égal à la somme à distribuer,

La quittance par chaque créancier à l'acquéreur payant,

La réserve par le créancier non complétement désintéressé, pour raison de ce qui lui reste dû,

Les mainlevées, données par tous les créanciers de l'inscription d'office, — et par chacun de l'inscription prise spécialement à son profit,

La radiation consentie,

La décharge donnée au conservateur qui l'opérera,

La remise des titres,

La reconnaissance de cette remise par l'acquéreur,

La désignation des titres remis,

Les titres des immeubles par lui acquis et qui lui avaient été promis,

Les titres de chaque créancier, — sauf ceux du dernier créancier colloqué,

Leurs mandements de collocation,

La mention consentie.

Voir *Formule*, Dict. Not.

CHAPITRE IV

De l'échange.

C'est un contrat par lequel les parties se donnent respectivement une chose pour une autre (C. N. 1702.)

Les règles de la vente s'appliquent également à l'échange.

Cet acte donne :

Les noms, prénoms, professions et domiciles des deux échangistes,

La garantie,

Le délaissement à titre d'échange, par un des comparants,

L'acceptation par l'autre comparant,

La désignation des biens cédés, — nature, contenance, territoire, tenants et aboutissants, cadastre,

L'établissement de propriété (voir *supra*, ch. 2, sect. 3),

Le délaissement en contre-échange par l'autre comparant,

L'acceptation de ce délaissement par le premier,

La désignation des biens cédés en contre-échange,

L'origine de propriété,

L'entrée en jouissance,

Les charges et conditions,

L'obligation par les coéchangistes de les exécuter,

La souffrance des servitudes passives et le droit de jouir de celles actives,

Le payement des impôts,

L'entretien des baux et locations,

La quotité des frais à la charge de chacun,

Le montant de la soulte mise à la charge d'un échangiste,

Le payement ou le délai pour payer,

Les intérêts,

La réserve de privilége,

Ou la mention que l'échange est fait sous soulte,

L'accomplissement des formalités hypothécaires et de purge,

L'état civil,

La remise de titres,

L'élection de domicile,

La valeur vénale des biens échangés — pour asseoir la perception du droit d'enregistrement,

Le droit à percevoir est de 2-50 pour 100 sur l'une des deux portions échangées.

S'il y a une soulte le droit de mutation (5-50) est dû sur cette soulte.

Voir *Formule*, Dict. Not.

TITRE HUITIÈME

DES ACTES CONCERNANT LES SOCIÉTÉS MATRIMONIALES, CIVILES ET COMMERCIALES.

CHAPITRE PREMIER

Des contrats de mariage.

Le contrat de mariage est l'acte qui régit l'association conjugale et qui fixe les droits respectifs des époux.

La plus grande latitude est accordée par la loi aux époux pour établir le régime auquel ils se soumettent à toujours.

Ainsi ils peuvent stipuler :

Que la communauté n'embrassera que les acquêts,

Que le mobilier présent ou futur n'entrera pas en communauté ou n'y entrera que pour partie,

Que la communauté comprendra tout ou partie des immeubles présents ou futurs par la voie de l'ameublissement,

20.

Que les époux payeront séparément leurs dettes contractées avant le mariage,

Qu'en cas de renonciation la femme pourra reprendre ses apports francs et quittes,

Que le survivant aura droit à un préciput,

Que les époux auront des parts inégales dans la communauté,

Qu'il y aura entre eux communauté à titre universel (C. N. art. 1497),

Qu'il y aura séparation de biens entre eux ou exclusion complète de communauté (C. N. art. 1529),

Enfin qu'ils seront soumis au régime dotal (C. N. art. 1540).

Toutes les conventions matrimoniales doivent être rédigées, avant le mariage, par acte devant notaire (C. N. 1394).

Le contrat de mariage doit être rédigé avec le plus grand soin; lorsque toutes les clauses en ont été arrêtées entre les parties; il ne faut jamais les écrire légèrement, car il est interdit d'y apporter aucun changement, après la célébration du mariage, aux termes de l'art. 1395 du C. N.

Le mineur habile à contracter mariage est, par cela même, habile à consentir toutes les conventions dont ce contrat est susceptible; — et les conventions et donations qu'il y a faites sont valables pourvu qu'il ait été assisté dans le contrat des personnes dont le consentement est nécessaire pour la validité du mariage (C. N. art. 1398),

Quand l'un des époux est commerçant un extrait du contrat de mariage doit être déposé dans le mois de sa date, au greffe des tribunaux civil et de commerce, et aux chambres des notaires et des avoués (C. com. 67; — C. proc. 872).

Le droit dû pour l'enregistrement des contrats de mariage est de 5 francs. (Loi du 28 avril 1816, art. 68, § 3, n° 1.)

Sauf les droits occasionnés par les donations.

Loi du 18 mai 1850.

	Entre époux de biens actuels.	Ligne directe.	Entre frères, sœurs oncles, neveux, etc.	Grands oncles, petits neveux, cousins germains.	Parents jusqu'au douzième degré.	Étrangers.
Droit pour 100 sur meubles.	1 50	1 25	4 50	5 »	5 50	6 »
Immeubles. .	3 »	2 75	4 50	5 »	5 50	6 »

Les donations éventuelles entre époux ne sont passibles que du droit fixe de 5 francs.

SECTION PREMIÈRE

DU RÉGIME DE LA COMMUNAUTÉ.

Ce contrat de mariage contient :

Les nom, prénoms, profession et domicile du futur époux,

Son âge,

Les nom, prénoms, profession et domicile de ses père et mère,

L'indication du décès de ces derniers ou de l'un

d'eux, — si l'un ou l'autre ou tous deux sont décédés,

La déclaration que le futur époux stipule pour lui et en son nom personnel,

Les mêmes indications relativement à la future épouse et à ses père et mère,

L'assistance de l'un des époux mineurs,

La stipulation de l'assistant à l'effet d'autoriser le mineur,

La présence des père et mère des deux époux ou de ceux qui survivent, lorsqu'ils constituent une dot à leur enfant,

Le projet d'union entre les futurs,

La mairie où la célébration aura lieu,

Les différentes clauses et conditions du contrat :

1o L'adoption du régime de la communauté,

2o L'exclusion des dettes antérieures au mariage, et l'obligation de les acquitter prise par celui qui les aura contractées,

3o L'apport en mariage du futur époux, — la déclaration faite par la future qu'il lui en a été donné connaissance,

L'estimation donnée à ses meubles meublants, habits, linges, hardes et bijoux,

Le montant de son argent,

La désignation des valeurs au porteur ou nominatives, — sur l'État ou sur particuliers,

Le montant de ces valeurs,

La désignation des biens qu'il apporte,

Leur origine,

Leur valeur estimative,

Le fonds de commerce ou l'office qu'il fait valoir,

La valeur de l'office ou du fonds,

Les sommes qu'il doit sur le tout,

La déclaration que cet avoir lui vient pour partie de ses gains et épargnes — ou de la succession d'un de ses parents, — ou d'un legs fait en sa faveur — ou de toute autre manière.

Quelquefois on apporte des droits non liquidés dans une succession — alors il est utile de faire l'analyse de l'inventaire, afin de faire connaître approximativement l'importance de cette succession.

4° L'apport de la future ; — cet apport se constate dans le même ordre et de la même façon que pour le futur époux, en indiquant également l'origine de son apport.

On termine en faisant reconnaître par le futur époux qu'il lui a été donné connaissance de cet apport et qu'il consent à en demeurer chargé par le seul fait de la célébration du mariage.

5° La dot constituée au futur époux par ses père et mère, — son importance, — les objets, — valeurs ou immeubles donnés,

L'avancement d'hoirie,

L'imputation de la dot sur la succession du prémourant des donateurs,

La déclaration que la constitution est faite conjointement et solidairement entre les donateurs, — en biens de communautés, — ou propres à l'un ou à l'autre des futurs époux,

L'acceptation de la dot par le futur,

L'époque où la dot devra être livrée ou payée,

6o La dot constituée à la future, — elle s'établit comme la précédente, — et à la fin, le futur époux déclare qu'il consent à en demeurer chargé par le seul fait de la célébration du mariage.

7o La stipulation du droit de retour au profit des

donateurs dans le cas où le donataire décéderait avant eux sans postérité, — et la déclaration que cette réserve de droit de retour n'empêchera pas l'effet de la donation faite entre les futurs époux.

8o La mise en communauté, —

La somme mise par chaque époux en communauté, —

L'importance du fonds commun,

L'exclusion du surplus de leurs biens, — et de ce qui leur adviendra et écherra par succession, donation ou autrement, pendant le mariage.

La totalité des apports peut être mise en communauté, — alors l'exclusion ne porte que sur les biens échus par succession ou donation.

9o La clause d'ameublissement, — la désignation des biens ameublis,

10o Le préciput stipulé en faveur du survivant, —

Le montant de son préciput, — la valeur des meubles qu'il pourra choisir, — ou la somme en deniers comptant, s'il le préfère,

Le prélèvement à faire par le survivant de ses habits ou autres objets, à titre d'augment de préciput,

11° L'attribution totale de la communauté au survivant, à charge de payer les dettes, — et en cas de non-existence d'enfants,

12° La faculté pour le survivant de reprendre le fonds de commerce, moyennant une estimation faite dans l'inventaire ou par experts, ensemble les ustensiles et marchandises,

Le droit au bail des lieux.

L'imputation du prix du fonds de commerce sur la part du survivant dans la communauté, — ou le délai pour payer, — les intérêts dont ce prix sera productif, — le jour du départ de ces intérêts,

13° La clause de reprises par la femme, — elle peut reprendre son apport et ce qui lui est échu pendant le mariage, même sa mise en communauté, le tout franc et quitte des dettes de communauté, alors même qu'elle s'y serait obligée ou y aurait été condamnée, — sauf, bien entendu, les droits des tiers auxquels la clause ne peut préjudicier,

Cette reprise à faire par la femme ou ses enfants, même en cas de renonciation,

(Cette faculté de reprise étant de droit étroit, ne doit pas s'étendre au delà des choses formellement stipulées ou au profit des personnes autres que celles qui n'ont pas été désignées. — C. N. 1514.)

14° Les donations mutuelles entre époux.

La donation peut être universelle, s'il n'y a pas d'enfants au décès de l'un des époux.

Elle ne peut excéder un quart en propriété et un quart en usufruit, — ou une moitié en usufruit s'il y a des enfants (C. N. 1094).

Elle n'est que d'une part d'enfant le moins prenant, sans pouvoir excéder le quart des biens quand l'époux donateur a des enfants d'un précédent mariage (C. N. 1098).

Les donations par contrat de mariage sont irrévocables.

Le mineur devra être assisté et avoir l'autorisation de ceux dont le consentement est exigé pour la validité du mariage (C. N. 1095).

Ces donations sont acceptées respectivement,

On termine par les noms, prénoms, qualités et domiciles des parents et amis signant au contrat,

La lecture des art. 1391 et 1394 du Code Napoléon par le notaire aux parties, en exécution de la loi du 19 juillet 1850,

La remise du certificat prescrit pour être donné à l'officier d'état civil avant la célébration du mariage.

Voir *Formule*, Dict. Not.

SECTION II

DU RÉGIME DE SÉPARATION DE BIENS.

Les noms et qualités s'établissent comme en la section ci-dessus; — les articles du contrat sont changés ainsi :

1o La séparation de biens conformément aux articles 1536 et suivants du C. Nap.

L'obligation par chacun de payer les dettes par lui créées avant le mariage,

L'administration de ses biens et la jouissance de ses revenus laissées à la future épouse;

2o La composition des biens du futur époux, — leur valeur estimative;

3o La même composition des biens meubles, objets, habits, bijoux de la future épouse, — leur valeur.

Cette désignation doit être très-exacte, c'est elle qui sert de base lors du décès de l'un des époux, pour reconnaître les propres de chacun.

Il arrive souvent qu'on ne désigne que les objets, effets, linges et immeubles appartenant à un seul des futurs époux, parce que tous ceux qui ne sont pas compris dans cette désignation, sont réputés appartenir à l'autre époux.

4o La marque du linge de la future, — la preuve

qu'elle devra fournir des quittances et factures de fournisseurs à son nom pour justifier sa propriété,

La présomption de la propriété du mari pour tout le surplus;

5° La contribution de chacun aux charges du mariage;

6° L'obligation par le mari de faire emploi des sommes provenant de l'aliénation des immeubles de la future, — ou du remboursement de ses capitaux,

L'acceptation obligatoire de ce remploi par la future,

La responsabilité du mari causée par le défaut d'emploi;

7° L'indemnité due à la future ou à ses héritiers par le mari pour raison des dettes qu'elle aurait pu contracter pendant le mariage, avec lui, — ou pour lui;

8° Les donations mutuelles — (Voir la section première).

Voir *Formule*, Dict. Not.

SECTION III

DU RÉGIME DOTAL.

Nous ne répéterons pas les qualités qui sont les mêmes pour tous les contrats de mariage :

1° L'adoption du régime dotal, — avec — ou sans société d'acquêts (C. N. 1581),

La composition de cette société d'acquêts : — bénéfices et économies faite pendant le mariage, — en meubles et immeubles;

2° La composition des biens du futur époux, — en habits, linge, meubles, — créances, immeubles,

Leur origine sommaire, et leur valeur;

3o L'apport de la future;

4o La dot constituée à l'un ou à l'autre des futurs époux,

L'acceptation par le donataire,

L'imputation à faire de cette dot sur la succession du prémourant des donateurs ou autrement,

Le payement,

La nature de la dot;

5o La dotalité des biens présents de la future épouse, — et de ceux qui lui écherront par la suite, — en meubles ou immeubles avec ou sans exception, — ou la paraphernalité des biens à venir.

L'administration de ces biens au futur ou à la future,

La somme que la future pourra toucher elle-même sur ses simples quittances;

6o L'emploi des deniers dotaux, — en rentes sur l'État, — acquisition d'immeubles ou autrement,

La pénalité contre le mari à défaut d'emploi;

La dotalité des biens acquis en remploi,

La désignation des biens qui pourront être aliénés pendant le mariage,

L'obligation d'emploi,

L'acceptation de cet emploi par la future,

La nature dotale des biens acquis en remploi;

7o Le préciput en faveur du survivant,

L'importance et la nature de ce préciput,

Les biens sur lesquels le préciput s'exercera,

La faculté par la femme de reprendre ses habits et bijoux pour l'estimation donnée au contrat de mariage;

8o La reprise des biens dotaux ou paraphernaux par la femme;

La reprise qu'elle aura à faire, elle ou ses héritiers, en cas de renonciation à la société d'acquêts;

9° La restriction sur certains biens désignés de l'hypothèque légale de la future — ou, pour être plus laconique, la désignation des biens qui seront affranchis de cette hypothèque;

10° Le délai accordé au futur époux pour les sommes dont il se trouverait débiteur envers la future lors du décès de celle-ci,

La dispense d'intérêts ou le jour où ils commenceront à courir;

11° Les donations réciproques.

Voir *Formule*, Dict. Not.

SECTION IV

DE LA RÉSILIATION DU CONTRAT DE MARIAGE.

Lorsque le mariage n'a pas été célébré, il y a lieu de résilier le contrat : — cette résiliation peut être faite à la suite même du contrat.

On indique :

Les noms, prénoms, qualités et demeures de toutes les personnes qui ont été *parties* au contrat,

La date de ce contrat et le nom du notaire qui l'a reçu,

L'intention des futurs de ne pas donner suite à leur projet de mariage,

La résiliation pure et simple du contrat,

La renonciation à jamais s'en prévaloir,

La reconnaissance par les parties que les clauses du contrat, — les donations qu'ils renferment, — et autres stipulations sont et demeurent nulles et de nul effet,

La mention consentie partout,

Le droit fixe de 2 fr. est dû pour la résiliation du contrat de mariage.

La résiliation peut être écrite sur le même timbre que le contrat.

Dans ce cas, et lorsqu'il est établi que le mariage n'a pas été célébré, il y a lieu de demander la restitution des droits perçus lors du contrat : cette restitution doit être faite dans les deux ans *du jour de l'enregistrement du contrat* et non point du jour de la résiliation.

Voir *Formule*, Dict. Not.

CHAPITRE II

Des actes de société.

La société est un contrat par lequel deux ou plusieurs personnes conviennent de mettre quelque chose en commun, dans la vue de partager le bénéfice qui pourra en résulter (C. N. 1832).

Toute société doit avoir un objet licite, — et être contractée pour l'intérêt commun des parties.

Chaque associé doit y apporter, — ou de l'argent, — ou d'autres biens, — ou son industrie (C. N. 1833).

Les sociétés doivent être rédigées par écrit (C. N. 1834).

Les sociétés sont universelles, — lorsqu'elles comprennent, — soit tous les biens présents des associés, — soit tous les gains qu'ils feront durant la société (C. N. 1836).

Ou bien particulières, — lorsqu'elles ne s'appliquent qu'à certaines choses déterminées ou à leur usage, ou aux fruits à percevoir (C. N. 1841).

On distingue encore : — les sociétés commerciales, — et les sociétés civiles.

Les sociétés commerciales ont pour but un commerce ou des actes de commerce, de la nature de ceux spécifiés par les art. 632 et 633 du Code de commerce.

Toutes les autres sociétés sont des sociétés civiles.

Les sociétés commerciales sont faites en nom collectif, — en commandites, — ou anonymes (C. commerce, 19).

La société en nom collectif est celle que contractent deux ou plusieurs personnes dans le but de faire le commerce sous une raison sociale (C. comm. 20).

La société en commandite se contracte entre un ou plusieurs associés responsables et solidaires, — et un ou plusieurs associés simples bailleurs de fonds, que l'on nomme commanditaires ou associés en commandite; — le nom social doit nécessairement être celui d'un ou de plusieurs associés responsables, — mais jamais d'un associé commanditaire (C. comm. 23 et 25).

La société anonyme n'a pas de nom social; elle n'est désignée par le nom d'aucun des associés, — mais seulement par la désignation de l'objet de son entreprise (C. comm. 29 et 30).

Les sociétés civiles et commerciales ne contenant ni mutation ni obligation, sont assujetties au droit fixe de 5 fr. (Loi 28 avril 1816, art. 45, no 2).

SECTION PREMIÈRE

DE LA SOCIÉTÉ CIVILE.

L'acte de société civile donne :

Les noms, prénoms, professions et demeures des associés,

Leur volonté d'établir une société entre eux,

La nature de la société, — universelle ou particulière, —

Universelle : — la mise en commun de tous les biens meubles et immeubles, — actifs et passifs, — la désignation de ces biens,

Particulière : — l'objet de la société, — la mise de fonds de chacun,

Le jour où elle commencera,

La durée de la société,

Les droits de chaque associé dans la masse commune,

La part de chacun dans les bénéfices et dans les pertes,

Le nom de l'administrateur,

Les pouvoirs d'administrer, vendre, etc., conférés à ce dernier,

La dissolution de la société,

La faculté pour chaque associé de se retirer,

La partage à faire de la société,

Les différentes clauses en cas de dissolution par décès, — ou autrement — avant l'époque fixée pour la durée de la société,

Le moyen de vider les difficultés et contestations relatives à la société,

La nomination des arbitres à qui les difficultés seront soumises,

L'élection de domicile,

Voir *Formule*, Dict. Not.

SECTION II

DES SOCIÉTÉS COMMERCIALES.

Art. 1. — De la société en nom collectif.

On énonce :

Les noms, prénoms, profession et domicile de chaque associé,

Leur intention de former une société en nom collectif,

Le but de la société,

La nature du commerce,

La durée de la société,

Le jour où elle commencera à courir,

La raison sociale,

L'endroit où sera établi le siége de la société, — le bail de la maison,

La mise de fonds versée par chacun des associés,

Le versement immédiat, ou le délai fixé pour le versement.

Les intérêts produits par cette mise de fonds,

La part de chacun dans les bénéfices et dans les pertes,

Celui ou ceux qui pourront faire les achats,

L'obligation des associés de consacrer tout leur temps et leurs soins aux affaires sociales,

L'interdiction de faire aucune opération pour leur compte personnel,

La signature sociale,

L'interdiction pour les associés de souscrire aucun engagement étranger aux affaires de la société,

La tenue des livres de la société,

Les charges diverses, — telles que : — la patente et les contributions, — les loyers, l'assurance, — les frais de représentation, — les appointements des commis, etc.,

Les conventions en cas de mariage d'un des associés,

L'inventaire à faire à la fin de chaque année,

Le compte à faire entre les associés à la même époque,

Les causes qui pourront amener la dissolution de la société,

Les différentes stipulations relatives à la dissolution, — par l'expiration du délai fixé pour la durée de la société, — par le décès d'un des associés, — ou pour toute autre cause,

Le partage des biens et valeurs de la société,

La faculté pour l'un ou l'autre de reprendre le fonds de commerce sous certaines conditions,

Le jugement des contestations par deux ou plusieurs arbitres,

La publication de l'acte de société.

Voir *Formule*, Dict. Not.

Art. 2. — De la société en commandite.

L'acte de société en commandite porte :

Les noms, prénoms, professions et domiciles des associés responsables et solidaires,

Ceux des associés commanditaires,

La nature du commerce,

La formation de la société, — en nom collectif pour les sociétaires responsables, — et en commandite pour les autres,

La raison sociale,

Le siége de la société,

La durée,

L'importance du fonds social,

L'apport de chaque associé,

L'état des marchandises, outils, ustensiles,

La somme versée par chaque commanditaire,

La quittance qui en est donnée par les associés responsables,

Les intérêts produits par la mise de fonds,

La nomination du gérant,

La signature sociale,

La constatation des opérations de la société,

Les charges, — loyer, — assurance, — impôts, — appointements, etc.,

L'inventaire annuel,

Les causes de dissolution,

Les stipulations en cas de dissolution par suite de décès, — ou autrement,

Le partage des biens et valeurs de la société,

La liquidation finale,

L'époque et la manière dont elle sera faite,

L'interdiction de faire apposer les scellés à la dissolution de la société,

La faculté par l'un des associés de reprendre la suite des opérations,

L'arbitrage pour lever les difficultés,

La nomination des arbitres, — à l'amiable ou par le président du tribunal de commerce,

La publication de l'acte de société d'après l'art. 42 du Code de commerce.

Les sociétés en commandite peuvent aussi être formées par actions.

Voir *Formule,* Dict. Not.

Art. 3. — De la société anonyme.

Elle comprend :

Les noms, prénoms, professions et demeures des sociétaires fondateurs,

Leur intention de former une société anonyme, par actions, — entre eux, — et les personnes qui prendront les actions par la suite,

La formation de la société, — sauf l'approbation du gouvernement,

L'objet de la société,

Le titre et la dénomination prise par elle,

Son siége légal,

Sa durée,

Le commencement de son existence,

Le fonds social,

Le nombre des actions à émettre,

La valeur de chaque action,

La nature des actions, — nominatives ou au porteur,

La somme à verser sur chaque action,

L'exigibilité du surplus,

L'intérêt annuel,

L'époque de payement de l'intérêt,

La transmission et la négociation des actions,

La faculté d'en émettre de nouvelles,

La délivrance des titres d'actions,

La composition du conseil d'administration régissant la société,

Le nombre des membres,

Leur nomination,

Leur retrait et leur remplacement,

Leurs fonctions,

Les assemblées générales,

Les attributions à donner au conseil,

Les actionnaires qui pourront assister aux assemblées générales,

La manière de convoquer cette assemblée,

Les objets qui devront lui être soumis,

L'inventaire annuel à faire,

L'époque où il y sera procédé,

L'état de situation,

La répartition des bénéfices,

Les comptes à faire,

L'emploi des fonds,

Le dividende total à répartir,

L'époque de la répartition annuelle,

Le remboursement facultatif des actions. Le tirage au sort des actions remboursables,

L'époque et le mode de remboursement,

La dissolution de la société,

L'époque de dissolution,

Les cas divers pouvant donner lieu à dissolution,

La liquidation à faire en ces cas,

La manière dont la liquidation sera faite,

La distribution et la répartition de l'actif social,

L'extinction des dettes contractées par la société,

Le jugement des contestations et difficultés soulevées au sujet de la société, rendu par des arbitres conformément à l'art 51 du Code de commerce,

La nomination de ces arbitres,

Les gérants et administrateurs provisoires,

L'obligation de solliciter l'approbation du gouvernement,

L'élection de domicile,

Voir *Formule*, Dict. Not.

TITRE NEUVIÈME

DES CONVENTIONS ENTRE DÉBITEURS ET CRÉANCIERS, ET AUTRES.

CHAPITRE PREMIER

Des transactions.

La transaction est un contrat par lequel les parties terminent une contestation née — ou préviennent une contestation à naître.

Ce contrat doit être rédigé par écrit (C. N. 2044).

Pour transiger, il faut avoir la capacité de disposer des objets compris dans la transaction (C. N. 2045).

On peut stipuler une peine en cas d'inexécution de la transaction (C. N. 2046).

L'erreur de calcul doit être réparée (C. N. 2058).

Cet acte contient :

Les nom, prénoms, profession et demeure de chacune des parties,

L'exposé préliminaire, — rappelant l'objet de la contestation, — les différents actes qui y ont donné lieu — ou sur lesquels on s'appuie — enfin l'indication bien claire de la position respective de chacun, — et des prétentions soulevées de part et d'autre,

Le désir de vider cette contestation et de se rapprocher,

La transaction intervenue entre les parties, — cette transaction surtout doit être expliquée le plus clairement possible et avec tous les développements qu'elle comporte ; — lorsque l'on transige sur plusieurs points, il est bon de diviser l'acte en autant d'articles qu'il y a de points,

La renonciation réciproque d'exercer tous droits l'un contre l'autre,

L'extinction de tout litige,

Le payement des frais,

L'élection de domicile.

La transaction a, entre les parties, l'autorité de la chose jugée en dernier ressort (C. N. 2052).

La transaction, — ne contenant aucune stipulation de sommes ni mutation quelconque — est soumise au droit fixe de 3 fr. (Loi du 28 avril 1816, art. 44, n° 8).

Voir *Formule*, Dict. Not.

CHAPITRE II

Du contrat d'union. — Du concordat. — De la cession de biens.

La cession de biens est l'abandon qu'un débiteur fait de tous ses biens à ses créanciers, lorsqu'il se trouve hors d'état de payer ses dettes (C. N. 1265).

La cession de biens est volontaire ou judiciaire (C. N. 1266).

La cession de biens volontaire est celle que les

créanciers acceptent volontairement et qui n'a d'effet que celui résultant des stipulations mêmes du contrat passé entre eux et le débiteur (C. N. 1267).

Cette cession, qui fait l'objet d'un contrat, nous occupera seule ici, — nous n'avons rien à dire de la cession de biens faite en justice.

L'acte d'abandonnement ou cession volontaire contient :

Les nom, prénoms, profession et domicile du débiteur,

Les noms, prénoms, professions et domiciles des créanciers,

L'exposé fait par le débiteur,

La déclaration qu'il lui est impossible de satisfaire à ses engagements,

La proposition faite par lui d'abandonner ses biens pour s'acquitter,

L'acceptation par les créanciers,

La désignation des biens, meubles et immeubles, — fonds de commerce, — ustensiles, — marchandises, — créances actives, — le droit au bail et l'énonciation de ce bail, — l'indication des immeubles, l'origine sommaire de la propriété,

Le pouvoir donné aux créanciers pour recouvrer les créances — et procéder à la vente des biens meubles et immeubles abandonnés,

La distribution du produit de cette vente et du recouvrement des créances, entre les divers créanciers, — d'après leurs droits de privilége ou d'hypothèque, — et par contribution suivant le mode qui sera établi par l'union des créanciers,

L'acceptation formelle faite par tous les créanciers,

La déclaration qu'ils demeurent saisis de tous les

droits que leur aurait conférés une cession judiciaire,

La remise par le débiteur — des registres, — des titres de créance, — et des titres de propriété,

La justification que les créanciers devront faire de leurs créances,

La réserve de la discussion et de la vérification de ces créances,

La libération donnée au débiteur, — tant pour le principal que pour les intérêts et accessoires de tout ce dont il est débiteur envers les créanciers, — ainsi que de toute répétition, même pour le cas où le produit des biens abandonnés ne suffirait pas à payer toutes les dettes,

La décharge de la contrainte par corps,

La mainlevée de toutes poursuites commencées par les créanciers,

Quelquefois la libération n'est pas entière, et les créanciers se réservent tous leurs droits, pour raison de ce qui pourrait leur rester dû, — sur les biens à venir du débiteur,

Le délaissement et l'abandon par les créanciers ou débiteurs de ses habits et des meubles garnissant sa chambre à coucher,

La désignation de ces meubles et habits — ou l'annexe de l'état descriptif,

L'union consentie par tous les créanciers,

La nomination d'un ou de trois syndics,

Les noms des syndics élus,

Les pouvoirs d'administrer, — vendre, — toucher, recevoir, — donner quittance et mainlevée, etc.,

L'acceptation par les syndics,

La condition de non-garantie de leur part,

Le remboursement des frais faits par eux dans l'intérêt de la masse,

La faculté de donner leur démission — et de se remplacer — ou la manière dont le syndic démissionnaire devra être remplacé,

La distribution qui sera faite des deniers recouvrés, — l'ordre et l'époque de cette distribution,

La faculté par les syndics de convoquer l'assemblée générale des créanciers en cas de besoin,

L'adhésion facultative de la part des créanciers non comparants,

L'élection de domicile — par le débiteur, — par les syndics.

La cession de biens ne libérant le débiteur que jusqu'à concurrence du produit des biens abandonnés, ne donne ouverture qu'au droit fixe de 5 fr.

La cession de biens libérant entièrement le débiteur donne au contraire lieu au droit de dation en payement — selon la nature des biens cédés. (Cass. 3 janvier 1820.)

La simple union des créanciers est soumise à un droit fixe de 3 fr.

Voir *Formule*, Dict. Not.

CHAPITRE III

De l'atermoiement.

C'est un acte par lequel des créanciers accordent à leur débiteur un délai pour les payer — ou une remise sur leur créance.

Le débiteur ne se dépossède pas de son bien ; il en conserve l'administration : — c'est donc une différence essentielle avec le concordat.

Le contrat d'atermoiement contient à peu près les mêmes éléments que la cession de biens ; les conditions cependant changent.

Le débiteur expose son impossibilité de remplir ses engagements ;

Il sollicite de ses créanciers — un délai pour les payer, — ou une remise des intérêts et quelquefois de partie de leurs créances, ou encore un délai et une remise ;

Les créanciers accordent le tout avec ou sans cautionnement ;

S'il y a cautionnement, — la caution s'oblige au payement dans le délai fixé — et consent ou non une affectation hypothécaire ;

Le délai doit être bien indiqué — ainsi que les intérêts dont la remise est faite,

Les stipulations en cas de non-payement au délai fixé,

La faculté accordée par les créanciers non présents à l'acte d'y adhérer et de profiter des stipulations qu'il contient,

La résolution du contrat en cas d'inexécution,

Les réserves par les créanciers de leurs droits de privilége, hypothèques et autres.

L'atermoiement est regardé comme une simple prorogation soumise au droit de 2 fr., si tous les titres de créances sont enregistrés. (Décision min. fin. 22 mai 1810.)

Mais le droit d'obligation de 1 0/0 est dû sur le montant des créances dont les titres ne sont pas enregistrés.

Si le contrat contient un cautionnement, le droit de cautionnement de 0,50 0/0 est dû (Loi du 24 mai

1834, art. 14. — Décis. minist. fin. 26 avril 1844).
Voir *Formule*, Dict. Not.

CHAPITRE IV

Des contributions de deniers.

On appelle ainsi la distribution de deniers ou de prix d'immeubles, faite amiablement entre les créanciers.

On suit l'ordre établi par l'art. 2101 du C. N. pour les priviléges des créanciers.

Cet acte contient :

Les noms des syndics des créanciers unis, — agissant en leur qualité de syndics,

L'exposé fait par eux, rappelant :

L'abandon de biens par le débiteur,

La nomination des syndics,

Le pouvoir de vendre et toucher,

Les adhésions faites postérieurement à cet acte,

La vente des meubles,

Le produit,

La vente des immeubles,

Les noms des adjudicataires,

L'immeuble vendu à chacun,

Le prix dû,

L'époque de payement,

Les sommes recouvrées par les syndics,

Le total de la somme à distribuer,

Le total des créances,

L'état des dettes,

Les dettes privilégiées,

Les frais d'actes dus au notaire,

Les frais judiciaires,

Les dettes non privilégiées,

L'énonciation des créances dues à chaque créancier en — principal, — intérêts, — frais — et accessoires,

Le titre et la cause de chaque créance,

Le total des dettes passives, devant participer à la contribution,

La distribution,

Le chiffre de la somme à distribuer,

La somme des créances privilégiées à distraire,

La soustraction opérée, le reliquat net à répartir entre tous les autres créanciers non privilégiés,

Le calcul de proportion à faire pour connaître le marc le franc,

L'indication de ce marc le franc pour cent,

L'état de ce qui revient à chaque créancier par cette répartition,

Le total à répartir,

L'approbation du compte par les créanciers,

La décharge donnée par eux à leurs syndics,

Le payement fait à la vue du ou des notaires,

Les espèces, — billets, — or — ou argent,

Les noms de chaque créancier privilégié ou non,

La somme touchée par chacun,

La présence de ces créanciers et la reconnaissance de ce payement,

L'imputation qu'ils doivent faire de la portion contributoire par eux touchée sur le montant de leur créance,

La quittance de la somme touchée,

La réserve pour le surplus restant dû,

Les mainlevées partielles des inscriptions prises au profit de la masse des créanciers,

La radiation consentie,

La décharge du conservateur qui l'opérera,

La mention consentie.

Il est dû le droit de quittance sur le montant des sommes reçues par les créanciers (Loi 22 frim. an VII, art. 69, § 2, n° 11).

Voir *Formule*, Dict. Not.

CHAPITRE V

Du contrat d'apprentissage.

On appelle contrat d'apprentissage, le contrat par lequel un fabricant, un chef d'atelier ou un ouvrier s'oblige à enseigner la pratique de sa profession à une autre personne qui s'oblige en retour à travailler pour lui ; le tout à des conditions et pendant un temps convenu (Art. 1 de la loi du 22 février 1851).

Tout ce qui concerne cette sorte de contrat est réglé par la loi du 22 février 1851 dont nous allons rapporter les principales dispositions relativement à sa forme et à sa nature.

Ce contrat peut être fait par acte public ou sous seings privés.

S'il est fait par acte public, les honoraires des notaires ont été fixés à 2 fr. (Même loi, art. 2).

L'acte d'apprentissage contiendra :

Les nom, prénoms, âge, profession et domicile du maître,

Les nom, prénoms, âge et domicile de l'apprenti,

Les nom, prénoms, profession et domicile de ses père et mère, — ou de son tuteur, — ou de la personne autorisée par les parents, et à leur défaut, — par le juge de paix,

La date et la durée du contrat,

Le jour où il est mis à exécution — et le jour où il n'a plus d'effet,

Les conditions de logement — de nourriture de la part du maître,

Le prix à payer par l'apprenti,

Et toutes les autres conditions arrêtées entre les parties.

Ce contrat doit être signé par le maître et les représentants de l'apprenti (Même loi, art. 3).

L'art. 2 de la loi du 22 février avait fixé à 1 fr. le droit d'enregistrement de ces actes, alors même qu'ils contiendraient des obligations de sommes ou des quittances.

Voir *Formule*, Dict. Not.

CHAPITRE VI

Du bornage.

L'art. 646 du C. N. porte : — Tout propriétaire peut obliger son voisin au bornage de leurs propriétés contiguës; — le bornage se fait à frais communs. (C. N. art. 646).

Le procès-verbal de bornage peut être fait sous seings privés ; — cependant comme, en réalité, c'est un titre de propriété, on le fait quelquefois par acte notarié.

Ce procès-verbal indique :

Les noms, prénoms, profession et domicile de chacun des propriétaires,

La contenance de chaque pièce,

Sa nature, sa situation,

Les tenants et les aboutissants,

La désignation bien claire des confins de l'héritage ; de la nature et de l'emplacement des bornes, — arbres, — haies ou limites, de manière à ce qu'on puisse toujours reconnaître la configuration de chaque pièce,

Les noms du géomètre qui a procédé à l'opération,

L'approbation du procès-verbal par les parties,

Le payement des frais et honoraires de l'acte,

L'élection de domicile.

Le procès-verbal de bornage donne lieu au droit fixe de

Il n'est dû qu'un seul droit fixe sur le procès-verbal de bornage des terres appartenant à un seul propriétaire, quoique ce procès-verbal soit signé par plusieurs propriétaires riverains qui déclarent acquiescer au bornage (Trib. de Laon, 11 décembre 1834).

Voir *Formule*, Dict. Not.

TITRE DIXIÈME

DES ACTES DE DERNIÈRE VOLONTÉ

CHAPITRE PREMIER

Des donations.

SECTION PREMIÈRE

DES DONATIONS ENTRE ÉPOUX.

Les époux peuvent se faire pendant le mariage telle donation qu'ils jugeront à propos.

Ils ont la faculté de se donner, s'ils n'ont pas de descendant, tout ce dont ils peuvent disposer en faveur d'un étranger, en propriété — et même l'usufruit de la portion dont la loi prohibe la disposition au préjudice des héritiers ;

Et l'époux qui laisse des descendants peut laisser, comme nous l'avons vu au titre VIII des contrats de mariage, 1/4 en propriété et 1/4 en usufruit — ou 1/2 en usufruit (C. N. 1094).

La donation n'est que de la part d'enfant le moins prenant, sans excéder 1/4 des biens, si l'époux donateur a déjà des enfants d'un précédent mariage (C. N. 1098).

Ces donations sont toujours révocables ; — la révocation pourra être faite par la femme, sans l'autorisation de son mari ni de la justice (C. N. 1096).

La survenance d'enfant est seulement une cause de réduction, si la donation excède la portion disponible, — mais n'est jamais une cause de révocation (C. N. 1096).

Les donations mutuelles entre époux seront toujours faites par actes séparés — et non par un seul et même acte (C. N. 1097).

Ces actes doivent être faits en la présence réelle du notaire en second ou des deux témoins.

Ils contiennent :

Les nom, prénoms, qualités et demeure de l'époux donateur,

Sa volonté de faire une donation entre-vifs,

Les nom, prénoms, qualités de l'époux donataire,

L'autorisation donnée par le mari à la femme, que celle-ci soit donatrice ou donataire,

La présence et l'acceptation du donataire pour le cas de survie,

La quotité de la donation en pleine propriété et en usufruit, — en meubles et immeubles,

La clause de non-exception ni réserve, — ou l'indication des réserves,

La jouissance par le donataire, à partir du décès du donateur,

L'obligation ou la dispense de donner caution et de faire emploi,

La charge de faire faire inventaire,

La réduction en cas d'existence d'enfants au décès,

La quotité de cette réduction,

La réduction ou la non-réduction en cas d'existence d'ascendants.

La révocation en cas de convol en secondes noces,

L'énoncé du contrat de mariage, la date, le nom du notaire qui l'a reçu, — la donation qu'il contient et la déclaration que la nouvelle donation n'a pour but que d'ajouter aux effets de l'ancienne sans la détruire.

La clôture de l'acte avec la mention de la chose et de la signature en la présence réelle des témoins ou du notaire en second.

Ces actes ne sont présentés à l'enregistrement que dans les trois mois qui suivent le décès du donateur, comme les testaments.

Ils sout soumis au droit fixe de 5 fr. (Loi 28 avril 1816, art. 45).

Voir *Formule*, Dict. Not.

SECTION II

DES DONATIONS ENTRE-VIFS.

La donation entre-vifs est un acte par lequel le donateur se dépouille actuellement et irrévocablement de la chose donnée en faveur du donataire, qui l'accepte (C. N. art. 894).

La donation entre-vifs doit, à peine de nullité, être passée devant un notaire, qui en garde minute et en la présence réelle des témoins (C. N. 931).

Cette donation peut être faite, soit sous une condition suspensive (C. N. 1040-1181),

Soit pour ne produire effet qu'à terme (C. N. 1185);

Mais elle ne doit comprendre que les biens présents; — elle serait nulle à l'égard des biens à venir (C. N. 943).

Pour faire une donation entre-vifs, il faut être sain d'esprit, et avoir les capacités exigées par les art. 902 et suivants du Code Napoléon.

A l'égard de la quotité dont il est permis de disposer, nous traiterons cette matière au chapitre des testaments.

Nous ne donnerons pas le précis de toutes les espèces de donation qui peuvent être faites; nous nous bornerons à donner le cadre nécessaire de toute donation entre-vifs, de manière à ne commettre aucune omission entraînant nullité.

Quant à l'objet et aux clauses et conditions renfermées dans la donation, c'est aux parties à les indiquer et non point à nous à les prévoir.

L'acte de donation entre-vifs contient:

Les noms et la résidence des notaires, ou du notaire instrumentant,

Les noms, prénoms, professions et domiciles des témoins,

Leur présence,

La comparution devant le notaire,

Les nom, prénoms, profession et domicile du donateur,

Sa volonté de faire une donation,

Le préciput ou l'avancement d'hoirie, lorsque ce donataire est l'un des présomptifs héritiers,

Les nom, prénoms, profession et domicile du donataire,

Sa présence et son acceptation,

Sa parenté avec le donateur.

L'objet de la donation, — meubles, — créance ou immeuble,

La désignation,

L'origine ;

Si c'est un immeuble, il faut en établir régulièrement l'origine, — en la personne du donateur et de ses auteurs, — au moins pendant 30 ans,

Les locations,

L'entrée en jouissance,

Les conditions de la donation,

Le retour en cas de prédécès du donataire,

L'obligation ou la dispense de rapport,

Le payement des impôts,

Le payement des frais,

La garantie sous laquelle la donation a lieu,

Quelquefois la donation est faite moyennant une rente viagère au profit du donateur;

Il faut savoir :

Le chiffre de cette rente,

Le jour où elle commence à courir,

Le jour de son extinction,

Les époques de payement,

La stipulation relativement au terme dans lequel décédera le donateur,

Les sûretés données pour le service de cette rente, — affectation hypothécaire ou autres,

L'inscription de privilége à prendre sur les biens donnés,

L'élection de domicile.

La clôture, — contenant la lecture et la signature en la présence réelle des témoins ou du notaire en second.

La donation peut encore être faite à des étrangers ou à des parents non successibles.

Dans ce cas, la forme est la même, — seulement il n'y a plus lieu de s'occuper du préciput, — ou de l'avancement d'hoirie, — pas plus que de l'obligation ou de la dispense du rapport.

La donation faite à un hospice, — à un établissement public, — est faite sans acceptation d'abord, et acceptée ensuite par les administrateurs régulièrement autorisés.

Quant aux donations avec partage entre les enfants du donateur, — Voy. *infra*, ch. II, titre X, des liquidations et partages.

L'enregistrement a été fixé par les lois du 22 frim. an VII, —21 avril 1832, — et 18 mai 1850, ainsi qu'il suit :

DROITS par 100 francs.	Ligne directe.	Frères, sœurs, oncles, neveux, etc.	Grands oncles, petits-neveux, cousins germains.	Parents du quatrième au douzième degré.	Etrangers.
Les meubles. . . .	2 50	6 50	7 »	8 »	9 »
Les immeubles. . .	4 »	6 50	7 »	8 »	9 »

Le droit de transcription ne s'ajoute pas (Délib. du 18 juin 1850).

Voir *Formule*, Dict. Not.

CHAPITRE II

Des testaments.

Le testament est un acte par lequel le testateur dispose, pour le temps où il n'existera plus, de tout ou partie de ses biens, et qu'il peut révoquer (C. Nap. art. 895).

Toutes personnes peuvent disposer et recevoir par testament, excepté celles que la loi déclare incapables (C. N. 902).

Sont incapables de disposer : — le mineur âgé de moins de 16 ans (C. N. 903), — l'interdit, — le mort civil (C. N. 25).

Le mineur de plus de 16 ans peut disposer par testament de la moitié des biens dont la loi permet au majeur de disposer (C. N. 904).

La femme mariée n'a besoin d'aucune autorisation pour faire un testament (C. N. 905).

Pour recevoir il s'uffit d'être conçu au moment du décès du testateur (C. N. 906).

Les médecins, pharmaciens ou prêtres ne peuvent profiter des dispositions faites en leur faveur par la personne qu'ils ont traitée ou qu'ils ont assistée à ses derniers moments (C. N. art. 909).

Avant de faire un testament, il est utile de connaître la quotité des biens dont le testateur peut disposer : — cette quotité s'appelle la *portion disponible*; — la quotité indispon ible s'appelle *réserve*.

L'art. 913 du Code Napoléon dispose : — Les libéralités testamentaires ne pourront excéder la moitié des biens du testateur s'il laisse un seul enfant légitime; — le 1/3 s'il en laisse deux; — le 1/4 s'il en laisse trois ou un plus grand nombre.

La réserve est due aux enfants légitimes ou légitimés, — et aux enfants adoptifs.

Elle est due aussi, en proportion de ses droits, à l'enfant naturel reconnu.

En ce qui concerne les enfants légitimes et les ascendants, la réserve est fixée par les art. 913 et 915 du Code Napoléon.

A l'égard de l'enfant naturel, il faut distinguer :

S'il est en concours avec des collatéraux légitimes, il a la moitié de ce qu'il aurait s'il eût été légitime ;

S'il est en concours avec des collatéraux ordinaires, ses droits sont des 3/4 de ceux des enfants légitimes.

Reste le cas du concours d'enfants légitimes et naturels. — Pour éviter d'entrer dans de longues explications nous avons dressé un tableau qui présente la quotité de la réserve attribuée à chaque enfant naturel et à chaque enfant légitime, et par suite la quotité disponible.

Pour faciliter le calcul des cas que nous n'aurions pas prévu, nous ferons observer que la réserve de chaque enfant naturel est une fraction qui a l'unité pour *numérateur*, pour *dénominateur* le produit de la multiplication du nombre total des enfants légitimes et naturels avec le chiffre invariable 4 ; ainsi : — 4 enfants légitimes et 2 enfants naturels, — soit 6, donnent 24 au dénominateur $4 + 2 \times 4 = 24$ ou 1/24 pour la réserve de chaque enfant naturel.

TABLEAU de la quotité disponible et de la réserve.

NOMBRE des ENFANTS		RÉSERVE par ENFANTS		TOTAL de la réserve	PORTION DISPONIBLE.	OBSERVATIONS.
Légitimes.	Naturels.	Légitimes.	Naturels.			
1	»	1/2	»	1/2	1/2	
2	»	1/3	»	2/3	1/3	
3	»	1/4	»	3/4	1/4	
4	»	3/16	»	12/16	4/16 ou 1/4	
»	1	»	1/2	1/2	1/2	Il en serait autre- s'il existait des collatéraux
»	2	»	1/3	2/3	1/3	
»	3	»	1/4	3/4	1/4	
1	1	4/9	1/9	5/9	4/9	
1	2	5/12	1/12	7/12	5/12	
1	3	13/32	2/32	19/32	13/32	
1	4	8/20	1/20	12/20	8/20 ou 2/5	
1	5	19/48	2/48	29/48	19/48	
2	1	11/36	3/36	25/36	11/36	
2	2	14/48	3/48	34/48	14/48 ou 7/24	
2	3	17/60	3/60	43/60	17/60	
2	4	20/72	3/72	52/72	20/72 ou 5/18	
2	5	22/84	3/84	59/84	25/84	
3	1	11/48	3/48	36/48	12/48 ou 1/4	
3	2	13/60	3/60	45/60	15/60 ou 1/4	
3	3	5/24	1/24	18/24	6/24 ou 1/4	
3	4	17/84	3/84	63/84	21/84 ou 1/4	
3	5	19/96	3/96	72/96	24/96 ou 1/4	
4	1	7/40	2/40	30/40	10/40 ou 1/4	
4	2	4/24	1/24	18/24	6/24 ou 1/4	
4	3	9/56	2/56	42/56	14/56 ou 1/4	
4	4	5/32	1/32	24/32	8/32 ou 1/4	
4	5	11/72	2/72	54/72	18/72 ou 1/4	

Il y a trois sortes de testament :

Le testament olographe,

Le testament mystique,

Et le testament authentique ou par acte notarié (C. N. 969).

Chacun de ces testaments est enregistré dans les trois mois qui suivent le décès du testateur, — après certaines formalités exigées par la loi pour les deux premières espèces seulement : — nous ferons connaître ces formalités sous les sections suivantes.

Le droit est de 5 fr. fixe (Loi du 28 avril 1816, art. 45, nº 4).

SECTION PREMIÈRE

DU TESTAMENT OLOGRAPHE.

Ce testament n'est assujetti à aucune forme : il suffit, pour être valable, qu'il soit écrit en entier de la main du testateur, daté et signé par lui (C. N. 970).

Ainsi tout testament olographe doit contenir :

La volonté par le testateur de faire un testament, volonté habituellement exprimée en ces termes : — Ceci est mon testament ;

Les nom, prénoms, qualités et domicile du testateur,

L'indication des différents legs,

Les nom, prénoms, qualités et domicile de chaque légataire, — l'omission ou l'erreur n'occasionne pas la nullité de la disposition, mais il est indispensable que le légataire soit désigné de telle sorte qu'aucune équivoque ne soit possible,

L'importance du legs.

Les charges et conditions imposées au légataire,

La date en toutes lettres,

Le lieu où a été fait le testament,

La mention que le tout a été fait et écrit de la main du testateur,

La signature de celui-ci,

Le testament olographe peut être écrit même sur du papier non timbré, — seulement, dans ce cas, il y a lieu à une amende de timbre.

Ce testament est présenté, aussitôt le décès, au président du tribunal qui en fait l'ouverture, en constate l'état et en ordonne le dépôt en l'étude d'un notaire.

Voir *suprà*, ch. VII, tit. IV, dépôt de testament.

Voir *Formule*, Dict. Not.

SECTION II

DU TESTAMENT MYSTIQUE.

Le testament mystique ou secret est un testament que le testateur a pu faire écrire par un autre; il n'a besoin que de le signer lui-même.

Ce testament doit être sous enveloppe, clos et scellé; — le testateur le présente en cet état au notaire en présence de 6 témoins au moins, ou bien il le fait clore et sceller en leur présence.

Il déclare que cette enveloppe contient son testament écrit et signé par lui, — ou écrit par un autre et signé par lui.

Le notaire écrit sur l'enveloppe l'acte de suscription qui est signé par le testateur, les témoins et le notaire.

Tout cela aura lieu de suite et sans divertir à d'autres actes.

Si le testateur, par suite d'un empêchement survenu depuis la signature du testament, ne peut signer l'acte de suscription, il est fait mention de la déclaration qu'il en aura faite, sans qu'il soit utile d'augmenter le nombre des témoins (C. N. 976).

Si, au contraire, le testateur, n'a pu signer ses dispositions, il sera appelé un témoin en sus et il sera fait mention de la cause pour laquelle ce témoin aura été appelé (C. N. 977).

Ceux qui ne savent ou ne peuvent lire, sont incapables de faire un testament mystique (C. N. 978).

Le muet pourra faire un testament mystique en l'écrivant en entier de sa main (C. N. 979).

La formule du testament mystique est la même que celle du testament olographe, il nous reste seulement à parler de l'acte de suscription, qui contient :

Les noms et résidence du notaire,

Les nom, prénoms, profession et domicile de chacun des six témoins,

Leur présence,

La comparution du testateur,

Ses nom, prénoms, profession et domicile,

La présentation aux témoins et au notaire de son testament mystique, clos et scellé,

L'empreinte et le nombre des cachets,

La couleur de la cire,

Ou si le testament a été scellé en présence du notaire et des témoins, on mentionne ce fait en désignant la couleur de la cire, le nombre et l'empreinte du cachet,

La déclaration par le testateur que le papier remis par lui contient son testament écrit et signé par lui, — ou écrit par un autre et signé par lui,

La mention faite par le notaire qu'il a dressé et écrit, sur l'enveloppe l'acte de suscription,

La clôture,

La déclaration que l'acte de suscription a été fait de suite et sans divertir à d'autres actes,

Le lieu, la rue, le numéro et la désignation de l'endroit où l'acte est dressé,

La date,

La mention de lecture par le notaire et de la signature ensuite par le testateur, les témoins et le notaire, — ou la mention que le testateur n'a pu signer à cause d'un empêchement survenu depuis la signature du testament,

La cause de l'empêchement,

La présence du septième témoin pris pour cette cause,

La signature et la lecture.

L'acte de suscription doit être écrit par le notaire lui-même.

Au décès du testateur, le testament sera présenté au président du tribunal civil, qui en fera l'ouverture et la description et en ordonnera le dépôt en l'étude du notaire.

L'ouverture en sera faite en présence des notaires et des témoins signataires de l'acte de suscription qui se trouveront sur les lieux ou eux appelé (C. N. 1007, 2o).

Le délai d'enregistrement est le même que pour les autres testaments; il suffit que l'acte de suscription soit enregistré en même temps que le testament, c'est-à-dire dans les trois mois du décès.

Voir *Formule*, Dict. Not.

SECTION III

DU TESTAMENT PUBLIC.

Le testament par acte public est celui qui est reçu par deux notaires en présence de deux témoins, — ou par un notaire en présence de quatre témoins (C. N. 971).

Si le testament est reçu par deux notaires, il leur est dicté par le testateur, et il doit être écrit par l'un de ces notaires, tel qu'il est dicté.

S'il n'y a qu'un notaire, il doit être également dicté par le testateur et écrit par le notaire.

Dans l'un et l'autre cas, il doit en être donné lecture au testateur, en présence des témoins.

Il est fait du tout mention expresse. (C. N. 972.)

Ce testament doit être signé par le testateur : — s'il déclare qu'il ne sait ou ne peut signer, il sera fait dans l'acte mention expresse de sa déclaration, ainsi que de la cause qui l'empêche de signer (C. N. 973).

Le testament devra être signé par les témoins, — néanmoins, dans les campagnes, il suffira que la moitié des témoins signe (C. N. 974.)

Ne pourront être pris pour témoins : — ni les légataires, à quelque titre qu'ils soient, — ni leurs parens ou alliés au 4e degré, — ni les clercs des notaires par lesquels les actes seront reçus (C. N. 975).

Ces témoins devront être mâles, — majeurs, — citoyens français, — et jouissant de leurs droits civils (C. Nap. 980).

Le testament public énonce :

Les noms, prénoms, et résidence du ou des notaires,

La présence des témoins,

Les noms, prénoms, professions et domiciles des deux ou des quatre témoins.

La déclaration qu'ils ont été requis conformément à la loi, — et qu'ils sont majeurs et citoyens français,

La comparution du testateur,

Les nom, prénoms, profession et domicile du testateur;

La désignation de l'endroit où la comparution a eu lieu, — la rue, — le numéro, — l'étage, — le nombre de fenêtres et leur exposition,

La manière dont le testateur a été trouvé quand le notaire et les témoins sont allés chez lui, — par exemple s'il était assis, — couché, etc.,

La constatation qu'il est sain d'esprit et sain ou malade de corps,

Le jugement du notaire et des témoins relativement à cette sanité d'esprit,

La dictée du testament au notaire en présence des témoins,

Les diverses dispositions faites par le testateur et dont nous parlerons plus loin,

La mention que le testament a été ainsi dicté au notaire, qui l'a écrit en entier de sa main,

La lecture faite par le notaire au testateur,

La déclaration par le testateur de le bien comprendre, et sa volonté d'y persévérer.

La déclaration par les témoins qu'ils ne sont parents ni alliés au degré prohibé — soit du testateur, — soit des légataires,

La clôture,

Le lieu où le testament a été passé,

L'année, — le jour, — et l'heure,

La mention d'une nouvelle lecture entière, — la signature par le testateur, le notaire et les témoins,

Ou la déclaration que le testateur ne sait ou ne peut signer, — et la cause de cette impossibilité.

Voir *Formule*, Dict. Not.

SECTION IV

DES DISPOSITIONS TESTAMENTAIRES.

Nous avons donné le cadre de chaque espèce de testament (sauf les testaments militaires, qui sont réglés par les art. 981 et suiv. du Code Napol., — et les testaments faits sur mer, par les art. 988 et suiv. C. N.), il nous reste à parler des principales dispositions qu'il est permis de faire dans tout testament.

Avant de faire un testament, le notaire doit s'enquérir des volontés du testateur; il lui demandera :

S'il veut faire un legs universel, — en propriété, — ou en usufruit seulement,

S'il y a lieu à réduction — et dans ce cas quelle sera-t-elle,

S'il veut instituer un ou plusieurs légataires à titre universel, — la quotité du legs, — la nature, — en propriété, — ou usufruit, — en meubles ou immeubles,

Les noms des personnes en faveur desquelles les legs sont faits,

Les charges de chaque legs,

Lorsque c'est un legs en usufruit en faveur d'un époux, il faut imposer ou dispenser de donner caution et de faire emploi, — et toujours charger de faire faire inventaire,

Les legs particuliers,

Les objets du legs,

Leur désignation,

L'indication que les legs sont faits par préciput et hors part, — ou par accroissement, lorsque le légataire est un successible,

Les charges imposées aux légataires,

La franchise de toutes charges et dettes,

Les legs pieux, — aux églises, — hospices, — bureaux de bienfaisance, etc.,

Les dispositions relatives aux funérailles,

Les conditions imposées à ces legs, — conditions qui ne doivent jamais être contraires à l'ordre public, — aux bonnes mœurs — ni aux lois ;

Les dispositions relatives aux payements des droits de mutation par décès,

Les substitutions au premier degré seulement, — toutes les autres étant prohibées par l'art. 896 du Code Nap.,

L'institution fiduciaire,

La nomination d'un tuteur aux enfants du testateur,

La nomination d'un conseil à la femme survivante,

La nomination d'un exécuteur testamentaire,

Le don à titre de diamant, — à l'exécuteur testamentaire, — au médecin, — aux pharmaciens, — au prêtre, — au notaire,

La révocation des testaments et codicilles antérieurs,

Les modifications apportées à un précédent testament, — la date de ce testament, la disposition modifiée,

Le changement, — la révocation, — la réduction ou l'accroissement d'un legs.

Voir *Formule*, Dict. Not.

SECTION V

DE LA RÉVOCATION DE TESTAMENT.

Le testament est toujours révocable.

L'acte de révocation a lieu par un simple acte devant notaire, en minute, et dans la forme ordinaire des actes notariés.

Deux notaires, — ou un notaire et deux témoins suffisent; — la présence réelle des témoins ou du notaire en second est exigée par l'art. 2 de la loi du 21 juin 1843, qui en prescrit aussi la mention à peine de nullité.

On indique :

Les noms et résidence du ou des notaires,

Les noms, prénoms, professions et demeures des témoins,

La comparution du testateur,

Ses nom, prénoms, qualités, et demeure,

La déclaration de révoquer tout ou partie du testament,

L'énonciation de la date et de la forme du testament révoqué,

Le nom du notaire qui l'a reçu,

Si une partie seulement est révoquée, indiquer les dispositions que le testateur entend annuler, — et sa volonté de laisser subsister le surplus,

La clôture,

La date de l'acte,

L'endroit où il a été passé,

La mention de lecture et la signature du testateur, — des témoins et du notaire,

Si le testateur ne sait ou ne peut signer, — la cause de cet empêchement,

La mention que la lecture et la signature ont eu lieu en la présence réelle des témoins ou du notaire en second ;

Voir *Formule*, Dict. Not.

La révocation de testament s'enregistre aussi dans les trois mois du décès, — au droit fixe de 2 fr. (Loi 28 avril 1816, art. 43, n° 21).

SECTION VI

DE LA DÉLIVRANCE DE LEGS.

Le légataire universel est tenu de demander aux héritiers à réserve la délivrance des biens compris au testament (C. N. 1004).

Si la demande est faite dans l'année du décès, la jouissance remonte au jour de ce décès ; — sinon elle ne commencera que du jour de la demande formée en justice ou du jour que la délivrance a été volontairement consentie (C. N. 1005).

S'il n'y a pas d'héritier à réserve, le légataire universel n'est pas tenu de demander la délivrance ; il est saisi de plein droit du jour du décès (C. N. 1006).

Les légataires universels demandent la délivrance aux héritiers à réserve, — à leur défaut, au légataire universel, — à défaut de celui-ci, aux héritiers appelés dans l'ordre établi au titre des successions (C. N. art. 1011.)

Les dispositions de l'art. 1005 concernent aussi les légataires à titre universel.

Les légataires particuliers demandent la délivrance de la même manière que les légataires à titre universel — et leur jouissance ne remonte qu'au jour de la délivrance de legs, — ou de la demande en justice (C. N. 1014.)

L'acte de délivrance énonce :

Les noms, prénoms, profession et domicile de chacun des héritiers,

Leurs qualités héréditaires constatées par inventaire ou un acte de notoriété,

Les noms et prénoms du défunt,

La date et le lieu de son décès,

Si la délivrance est consentie par un légataire universel, — les noms, prénoms, profession et domicile, — la date du testament aux termes duquel il a été nommé légataire universel, — la nature de ce testament — en cas de testament olographe, la date du dépôt chez le notaire, — la date du procès-verbal d'ouverture, — et la date de l'enregistrement du testament, — l'envoi en possession, — et la notoriété constatant qu'il n'existe aucun héritier à réserve,

Le consentement à l'exécution du testament, et à la délivrance des legs,

La date et la nature de ce testament avec les différentes formalités, — si le tout n'a pas été énoncé dans les qualités,

Les noms, prénoms, profession et domicile du légataire au profit duquel la délivrance est consentie,

Sa présence et son accepation,

L'importance, la quotité et l'objet du legs, — (il est encore mieux de copier littéralement la disposition testamentaire),

La délivrance opérée,

Le jour de la jouissance du legs,

L'obligation par le légataire d'acquitter les charges imposées au legs,

La décharge du legs par le légataire,

La mention consentie.

Quand la délivrance a lieu au profit d'un hospice où d'un établissement public, — la délivrance est acceptée par les administrateurs régulièrement pourvus de l'autorisation supérieure, — il faut donc énoncer :

Les noms, prénoms, qualiiés et demeure de chaque administrateur,

La date de l'autorisation,

L'autorité de laquelle elle émane.

Cette autorisation, ou du moins une expédition, — doit être annexée à l'acte de délivrance.

La délivrance de legs est soumise au droit fixe de 2 fr. (Loi du 18 mai 1850, art. 8).

Il est dû un droit par chaque légataire ayant un intérêt distinct (Cass., 22 avril 1823).

Le droit de quittance est perçu sur les intérêts courus, dont il est question dans l'acte de délivrance : le droit fixe ne s'applique qu'au capital.

Le droit de mutation est dû si un objet d'une autre nature que l'objet légué, est délivré en payement du legs.

Voir *Formule*, Dict. Not.

TITRE ONZIÈME

DES ACTES D'INVENTAIRE.

CHAPITRE PREMIER

De l'inventaire.

L'inventaire estun acte conservatoire destiné à constater l'état de tous les biens actifs et passifs d'une succession, d'une communauté, d'une faillite, etc.

L'inventaire est nécessaire :

Lorsqu'il y a des héritiers, — mineurs, — interdits — ou absents (C. N., 1031).

Lorsqu'un des héritiers a l'intention de n'accepter que sous bénéfice d'inventaire (C. N., 794).

Lorsque des créanciers ont formé opposition aux scellés (C. pr., 909-941).

Lorsque des femmes mariées sont intéressées dans la succession (C. N., 1415 et 1504).

Lorsque la femme commune veut renoncer à la communauté (C. N., 1456).

Lorsque le défunt a fait un legs universel en usufruit, — et en général à l'ouverture de chaque usufruit (C. N., 600).

Lorsqu'un individu est absent et que les présomptifs héritiers sont envoyés en possession provisoire (C. N., 126).

Lorsque la séparation de corps et de biens a été prononcée (C. N., 1463).

Lorsqu'un individu est interdit (C. N., 509).

Lorsque la succession est vacante.

L'inventaire ne pourra être fait que trois jours après l'inhumation, ou trois jours après l'apposition des scellés (C. proc., 928).

Le tuteur doit faire inventaire dans les dix jours de sa nomination, dûment connue de lui (C. N., 451).

La femme séparée, — la veuve, — l'héritier ont trois mois pour faire l'inventaire.

L'inventaire peut être requis par :

L'héritier légitime,

L'enfant naturel reconnu,

Les autres héritiers irréguliers,

L'époux,

Le donataire ou légataire universel ou à titre universel,

L'exécuteur testamentaire,

Les créanciers du défunt.

L'inventaire est fait (quel qu'en soit le requérant) en présence de :

L'époux survivant,

Les héritiers présomptifs, ou leurs tuteurs et subrogés tuteurs,

L'exécuteur testamentaire,

Les donataires et légataires universels ou à titre universel, — en pleine propriété ou en usufruit, — ou eux dûment appelés s'ils demeurent dans la distance de 5 myriamètres. S'ils demeurent au delà, il sera appelé pour tous les absents, un notaire qui sera nommé par le président du tribunal civil (C. procéd., 942).

L'inventaire est commun aux autres actes notariés, de plus il contient :

Les noms, prénoms, profession et demeure des requérants, comparants, défaillants, absents; des commissaires-priseurs et des experts, et du notaire commis,

La mention de l'ordonnance qui commet le notaire pour représenter les absents,

Les qualités dans lesquelles chacun agit, l'indication des lieux où l'inventaire est fait,

La description et l'estimation des effets,

L'indication des poids et titres de l'argenterie,

La désignation des espèces en numéraire,

L'analyse des papiers qui sont cotés par premier et dernier, et paraphés de la main du notaire, — les livres et registres du commerce sont constatés dans leur état, les feuilles cotées et paraphées, et les blancs dans toutes les pages écrites sont bâtonnés,

La déclaration des titres actifs et passifs,

La mention, à la fin de l'inventaire, du serment prêté par ceux qui ont été en possession des objets avant l'inventaire, qu'ils n'en ont détourné, vu ni su qu'il en ait été détourné aucun,

Et la remise des effets et papiers, s'il y a lieu, entre les mains de la personne dont on convient, ou qui, — à défaut, — est nommée par le président du tribunal civil (C. proc., 943).

L'inventaire est divisé en deux parties : — l'intitulé qui comprend l'établissement des qualités des parties,

Et l'inventaire proprement dit, ou la description de l'actif et du passif, — composé de l'analyse des papiers — et des déclarations.

SECTION PREMIÈRE

DE L'INTITULÉ.

L'intitulé renferme :

La date de l'acte,

Le jour et l'heure,

Les noms, profession et demeure des requérants,

S'il y a une veuve survivante, — son contrat de mariage, ou — à défaut de contrat, la date de la célébration.

La réserve faite par elle d'accepter ou de répudier la communauté,

Ses reprises et créances contre la communauté,

La donation à elle faite par son mari,

Les noms de ceux de ses enfants dont elle est tutrice,

Si c'est le mari qui survit, — le régime sous lequel il était marié, — son contrat de mariage, à défaut, la date de la célébration du mariage,

La donation ou le legs à lui fait par sa femme,

Les noms des héritiers présomptifs, directs, ascendants ou descendants, ou collatéraux,

Ceux qui viennent par représentation et les noms de ceux qu'ils représentent,

Les noms des tuteurs légaux — ou datifs,

La nomination et l'acceptation de ces derniers,

Les noms des subrogés tuteurs,

Ceux des curateurs au ventre,

Les noms du notaire commis,

Ceux des héritiers ou ayants droits qu'il représente,

Les noms des légataires ou donataires, — universels ou à titre universel, — en propriété — ou en usufruit,

Les noms de l'exécuteur testamentaire,

Les noms des creanciers opposants,

L'habileté des requérants à se porter héritiers,

La quotité de leurs droits,

L'acceptation bénéficiaire, s'il y en a,

Les noms des héritiers renonçants,

La date de la renonciation,

Les sommations faites aux héritiers,

Le défaut donné contre les non-comparants,

L'annexe des procurations et de l'ordonnance qui commet un notaire pour représenter les absents,

Les noms des notaires ou du notaire et des témoins,

La nature de l'inventaire auquel il va procéder,

L'indication des lieux où l'on procède,

La date du décès,

La personne qui fera la représentation des objets,

L'avertissement donné par le notaire à cette personne du serment qu'elle aura à prêter à la fin de l'inventaire, conformément à l'art. 943 du C. de procéd.,

Le nom et la résidence du commissaire-priseur,

L'apposition des scellés,

La date de cette apposition,

La levée en même temps que la prisée,

La lecture et la signature,

SECTION II

DE LA PRISÉE ET DES PAPIERS.

Art. 1. — De la prisée.

On n'estime que les objets mobiliers, meubles meublants, habits, linge, hardes, argenterie et bijoux.

On n'estime pas les meubles incorporels ni les immeubles.

Cette prisée se fait aussitôt après la signature de l'intitulé.

On comprend les habits de l'époux survivant, — mais non ceux à l'usage des enfants.

Les effets doivent être décrits en détail, et estimés.

L'estimation en est faite à juste valeur et sans crue.

Il est indifférent de commencer par une pièce ou par une autre : certains notaires commencent par la cave, le bûcher, la cuisine, et finissent par les appartements, — d'autres, au contraire, suivent un ordre tout à fait opposé.

On désigne toujours l'endroit où l'on procède, — puis, quand une pièce est terminée, on fait la désignation de la chambre dans laquelle on va entrer.

On décrit les meubles en évidence, puis le contenu de ces meubles, en faisant l'estimation de chaque objet.

Quand il y a des meubles dans une autre maison, le notaire s'y transporte, et mentionne ce transport dans son procès-verbal.

On procède ensuite de la même manière à la description et à la prisée des meubles.

On termine par le total de la prisée.

Il y a lieu aussi à estimer les fonds de commerce et les marchandises; — cela se fait par le commissaire-priseur assisté d'un ou de plusieurs experts qui prêtent serment.

Alors on fait la description et l'estimation, article par article, des marchandises comme des meubles ordinaires.

On totalise séparément cette estimation.

On constate la lecture et la signature du commissaire-priseur et des experts, — et leur retrait.

Art. 2. — De l'analyse des papiers.

Aussitôt la prisée terminée, on commence l'analyse des papiers.

Cette analyse se fait habituellement dans l'ordre suivant :

Le contrat de mariage,

Les propres de la femme,

Les propres du mari,

Les donations ou testament,

Les biens de communauté, — immeubles, — créances, — actives et passives.

Les baux et locations,

Les contributions,

L'assurance,

Les lettres missives, mémoires acquittés,

Les deniers comptants,

Les déclarations actives et passives,

L'analyse des papiers se divise par cotes — comprenant les titres et papiers relatifs à la même affaire; le notaire décrit chaque pièce en ce qu'elle peut présenter ou un actif ou un passif; — chaque pièce est ensuite cotée par première et dernière, et paraphée par le notaire.

Le notaire a *seul* le droit d'examiner, constater et décrire les papiers et titres de la succession.

§ 1. — Analyse du contrat de mariage.

On décrit le contrat de mariage :

La date,

Le nom du notaire qui l'a reçu,

Le régime adopté par les époux,

L'apport du futur et la dot constituée par ses père mère,

L'apport et la dot de la femme;

Ces apports et dots se copient presque littéralement;

La mise en communauté,

Le préciput,

La clause de retour,

La clause de remploi,

La clause de franc et quitte,

Celle relative au fonds de commerce,

Les donations respectives.

En un mot, les principales dispositions du contrat de mariage,

La mention de cote et paraphe.

Les déclarations relatives au payement de la dot, — la quittance de la dot si on l'a, — ce qui en reste dû, — la date de la quittance ou du payement,

Le jour de la célébration du mariage et la ville où elle a eu lieu, — ou mieux une copie de l'acte de mariage.

§ 2. — Des propres des époux.

Dès que le contrat de mariage est analysé, on passe aux propres des époux.

On demande :

Si la femme a recueilli une succession pendant le mariage,

S'il lui a été fait pendant le même temps quelque donation ou quelque legs.

Dans le cas affirmatif, — quels sont les biens recueillis ?

De quelle succession ils proviennent ?

L'acte de partage, — de donation ou de testament, — les soultes payées ou reçues ;

Les biens existent-ils en nature ?

Sont-ils loués ?

En a-t-on aliéné une partie, — ou la totalité ?

La base et le prix de l'aliénation,

L'acquisition faite en remploi,

L'acceptation du remploi,

La location de ces biens ;

Les biens apportés en mariage existent-ils en nature ?

Sont-ils loués ?

Ont-ils été aliénés ?

Quand et pour quel prix ?

Ce prix a-t-il été employé en acquisition ?

Quels sont les biens acquis ?

Leur location ?

Il va sans dire que l'on analyse tous les titres contenant la constatation de ces faits ; — à défaut de titres, on relate le tout par déclaration.

Nous n'avons parlé que des propres de la femme ; —

ceux du mari, pouvant subir les mêmes changements, étant soumis aux mêmes fluctuations, font aussi nécessairement l'objet des mêmes déclarations.

Ces déclarations se complètent par le chiffre des frais payés pour les droits de mutation, les actes nécessaires à établir la transmission, les améliorations faites aux biens, etc.

§ 3. — Du testament.

Quand le défunt a fait un testament, il faut l'analyser, — ce qui se fait en rappelant les dispositions testamentaires, ou, plus souvent, en les copiant textuellement.

La copie évite les erreurs que pourrait faire naître l'analyse.

On indique aussi sa nature, les formalités accomplies conformément à la loi.

Il arrive quelquefois qu'un testament est trouvé dans les papiers.

S'il est cacheté, le juge de paix s'il y a scellés, sinon le notaire, en constate la forme extérieure, le sceau et la suscription; il paraphe l'enveloppe avec les parties présentes; il indique les jour et heure où le paquet sera par lui présenté au président du tribunal civil, en avertissant les parties de s'y trouver; il est fait du tout sur l'inventaire une mention qui est signée par les parties (C. procéd., 916).

S'il est ouvert, le juge de paix ou le notaire en constate l'état et observe les formalités qu'on vient de voir (C. procéd., 920).

Ce qui précède ne s'entend que des testaments olographes ou mystiques.

Si c'est l'expédition d'un testament, on n'en constate pas l'état, puisque la minute est entre les mains d'un notaire, — mais on l'analyse.

Si le testament est étranger à la succession, il n'en est pas fait mention dans l'inventaire, mais le notaire doit le présenter au président du tribunal.

Quand un tiers est chargé du testament et le présente pendant la levée des scellés, on observe les formalités indiquées plus haut, selon que ce testament est ouvert ou cacheté.

Les héritiers qui veulent se pourvoir contre un testament, ne doivent rien faire en conséquence de cet acte que sous la réserve de leurs droits.

Quand le testament intéresse d'autres parties que celles qui sont présentes et qui aient droit d'assister à la levée des scellés et à l'inventaire, il faut les appeler, — leur faire nommer des tuteurs et curateurs, — ou faire commettre un notaire pour les représenter, selon les circonstances.

Dans l'un ou l'autre cas, on suspend les opérations jusqu'à ce que les nouveaux intéressés aient été mis à même de faire valoir leurs droits.

§ 4. — Des biens de communauté.

Les biens de communauté comprennent tout ce que les époux ont acquis durant le mariage en meubles et immeubles; — en un mot tout ce qui n'est pas réservé propre par le contrat de mariage.

I. — On place, en première ligne, les acquisitions faites pendant la communauté :

La date du contrat,

La désignation sommaire des biens,

Les noms des vendeurs,

Le prix,

La quittance, — la somme payée et celles qui restent dues,

Les pièces hypothécaires et de purges,

Les anciens titres de propriétés,

Les déclarations relatives aux biens;

S'ils existent ou non en nature,

S'ils sont ou ne sont pas loués.

II. — En second lieu viennent les rentes sur l'État, — les valeurs industrielles, — les créances diverses.

Pour les rentes, on indique :

La somme de la rente,

Le taux,

Le vol. et le n° de l'inscription,

L'immatricule,

L'époque jusqu'à laquelle les derniers arrérages ont été payés.

Pour les valeurs industrielles, au porteur ou nominatives, on met :

La nature et l'espèce de la valeur, telle qu'elle est portée sur le titre, — le timbre de ce titre,

Son importance,

La somme versée,

Celle restant à verser,

Celle qui sera remboursée,

Le taux des intérêts ou arrérages,

L'endroit et l'époque où le payement a lieu,

L'époque de la dernière échéance, — ou le dernier coupon détaché.

III. — Pour les créances sur particuliers, on énonce :

Les noms des débiteurs,

L'importance des créances, en capital,

L'époque d'exigibilité,

Le taux des intérêts,

L'époque de payement,

Le titre de la créance, — obligation, — vente, etc.

L'hypothèque prise en garantie,

La date, le vol., le no, le bureau,

Le cautionnement,

Les délégations, et les diverses clauses de garanties, etc.,

L'importance, — la nature, — la cause des créances chirographaires,

Les noms et demeures des débiteurs,

La distinction des créances chirographaires en — bonnes, — douteuses — et mauvaises,

IV. — Les registres de commerce — se portent en indiquant :

La nature et la destination de chaque registre,

Le nombre de feuillets écrits,

Le jour où il a été commencé — et le jour où il s'arrête,

Les bâtonnements tirés dans les blancs,

Le paraphe de chaque feuillet écrit,

La récapitulation du registre contenant les noms des débiteurs, — et le montant de ce qu'ils doivent.

§ 5. — Des baux et locations.

On énonce :

La date du bail,

Sa nature : — notarié — sous seings privés — ou verbal,

La mention d'enregistrement s'il est sous seings privés,

Les noms du bailleur,

L'objet de la location,

Sa durée,

Le jour de son commencement — ou le temps qui reste à courir,

Le montant du loyer,

L'époque de payement,

Ce qui reste dû sur le loyer au moment de l'inventaire,

Le montant des loyers d'avance,

Les sous-locations faites.

§ 6. — Des impôts.

On place par ordre chronologique les avertissements et quittances de contributions;

On indique :

Le total des contributions pour l'année courante,

Les sommes payées à compte,

Celles qui restent dues.

§ 7. — De l'assurance.

Les polices d'assurance et les quittances des primes et cotisations font l'objet d'une cote spéciale,

Le timbre et l'enregistrement des polices courantes,

La compagnie d'assurances,

Son siége,

Les bâtiments assurés,

Le montant des valeurs assurées,

La date de la dernière quittance,

La somme payée, et celle qui reste due.

§ 8. — Des papiers ne pouvant servir que de renseignements.

On classe, après les assurances :

Les lettres missives,

Les mémoires acquittés,

Les quittances anciennes,

Le tout venant, à titre de simple renseignement sans en faire l'analyse ni la description.

§ 9. — Des déclarations.

Les déclarations se divisent en deux parties : — les déclarations actives, — et les déclarations passives.

I. — Les déclarations actives sont faites dans l'ordre suivant par le survivant des époux, — ou le requérant, — ou le gardien des scellés;

Les deniers comptants trouvés au décès, — et ceux trouvés en l'inventaire,

Les sommes touchées depuis le décès,

Les sommes dues aux communautés et successions,

Les noms et résidence des débiteurs,

La cause de la dette,

Son importance en capital,

Les intérêts, si elle en produit, — et ce qui en est dû,

Les rapports de dot à faire par les enfants,

La date du contrat du mariage,

Le nom de l'enfant doté,

Le chiffre de la dot,

L'imputation à en faire sur la succession,

Les remplacements militaires payés pour les fils,

Le chiffre et l'époque du remplacement,

La date de l'acte, s'il en a été fait un.

On termine en faisant le total des déclarations actives.

II. — Les déclarations passives comprennent :

Les sommes payées depuis le décès,

Les sommes qui restent dues,

Les frais funéraires payés ou dus, — pour le service, — le cercueil, — le terrain au cimetière, — le monument funèbre, — les billets et lettres de part,

Les frais de dernière maladie : — au médecin pour soins, — au pharmacien pour médicaments, — aux gardes-malades pour veilles,

Les frais de deuil des domestiques,

Le deuil de la veuve,

Les notes dues aux fournisseurs et ouvriers : — boulangers, — bouchers, — épiciers, — maçon, — serrurier, — blanchisseuse, etc., etc.,

Les gages des domestiques ou appointements des employés,

Les sommes dues aux marchands en gros, — ou à tous créanciers, — en capital et intérêts,

Le total des sommes payées depuis le décès, — et des sommes dues encore au moment de l'inventaire,

Lorsqu'il y a un mineur, la loi prescrit au tuteur de déclarer, à peine de déchéance, s'il lui est dû ou non quelque chose par son pupille ; cette déclaration est faite sur la réquisition du notaire (C. N. 451).

Il est fait par les parties non requérantes toutes protestations et réserves contre le contenu de l'inventaire et ses déclarations.

§ 10. — De la clôture.

La clôture termine l'inventaire et contient :

Le nombre de vacations,

Les affirmations,

Les serments.

L'inventaire indique à chaque séance, l'heure du commencement et celle de la fin (art. 1er Déc. — 10 brum. an XIV).

On mentionne les interruptions qui ont eu lieu avec renvoi à un autre jour; cette mention est signée par les parties et les officiers publics (Même Décr., art. 2).

La femme survivante qui veut conserver la faculté de renoncer, doit affirmer l'inventaire sincère et véritable (C. N. 1456).

Ceux qui ont été en possession des objets de la succession prêtent serment qu'ils n'ont rien détourné, vu ni su qu'il ait été détourné aucun de ces objets (C. proc. 943).

La veuve commune en biens fait le même serment.

Lorsqu'il y a difficulté ou que l'on veut obtenir l'autorisation de vendre, par exemple, sans attribution de qualité, le notaire renvoie les parties en référé devant le président du tribunal civil ; ce référé se met sur la minute de l'inventaire quand le notaire réside au siége du tribunal; — sinon l'ordonnance se fait séparément.

L'inventaire ayant un caractère judiciaire, il ne peut pas y être procédé un dimanche ni un jour de fête légale.

Le droit d'enregistrement est de 2 fr. par vacation de 4 heures au plus.

Chaque vacation est enregistrée dans le délai.

CHAPITRE II

Des déclarations de successions.

Les droits de succession doivent être acquittés dans les six mois du décès.

L'inventaire sert de base à la déclaration que les parties sont obligées de faire pour acquitter ces droits : — On se borne à faire le dépouillement de l'inventaire, de manière à bien présenter tout l'actif (le passif ne se déduit pas pour le payement des droits).

S'il n'y a pas d'inventaire, on y supplée en demandant aux parties tous les renseignements qu'il aurait fallu connaître pour l'inventaire, sauf, bien entendu, les renseignements passifs, et on en fait un état sur papier timbré pour le mobilier, que l'on détaille et estime article par article, — et sur papier libre pour les valeurs et autres immeubles dont on indique le revenu.

TITRE DOUZIÈME

DES COMPTES, LIQUIDATIONS ET PARTAGES.

CHAPITRE PREMIER

Du compte de tutelle.

Tout tuteur, — légal ou datif, — est comptable de sa gestion, lorsqu'elle finit (C. N. art. 469).

Le compte définitif de tutelle sera rendu aux dépens du mineur lorsqu'il aura atteint sa majorité ou obtenu son émancipation.

Le tuteur en avancera les frais.

On y allouera au tuteur toutes dépenses suffisamment justifiées et dont l'objet sera utile (C.N. 471).

Tout traité qui pourra intervenir entre le tuteur et le mineur sera nul s'il n'a été précédé de la reddition d'un compte détaillé, — et de la remise des pièces justificatives ; — le tout constaté par un récipissé de l'ayant compte, dix jours au moins avant le traité (C. N. art. 472).

Le compte de tutelle se compose donc de deux actes :

L'acte de présentation du compte par le tuteur ou mineur;

Et l'acte d'approbation (dix jours au moins ensuite) par le mineur.

SECTION PREMIÈRE

DE LA PRÉSENTATION DU COMPTE.

Art. 1. — De l'acte de récépissé du projet de compte et de pièces justificatives.

L'acte de récépissé contient :

Les noms, prénoms, profession et domicile du mineur oyant,

La date de sa naissance, pour prouver qu'il est arrivé à sa majorité, — ou, s'il est émancipé, la date de son émancipation,

Les noms, prénoms, profession et demeure du tuteur,

Sa présence,

La remise par celui-ci au premier de :

1o Le projet de compte depuis le jour de l'ouverture de la tutelle jusqu'au jour où elle a cessé,

2o Et toutes les pièces justificatives à l'appui de ce compte, — mémoires, quittances, etc.,

La reconnaissance de cette remise par le mineur,

La réserve faite par ce dernier d'examiner le tout, — et de l'approuver ou contester selon qu'il y aura lieu.

Art. 2. — Du projet de compte

Ce projet de compte est souvent fait sous signatures

privées, — certifié véritable par le rendant, et annexé à l'acte de présentation.

On porte :

Les noms du tuteur et du mineur,

La date de l'ouverture de la tutelle,

Les observations pour expliquer : — la cause de l'ouverture de la tutelle, — le décès, — inventaire, — vente de meubles, — licitation des immeubles, liquidation et partage, — emploi et placement de fonds;

On divise ensuite le compte :

Soit en deux parties seulement, — l'une pour les recettes, — l'autre pour les dépenses, lorsque l'administration n'a pas duré longtemps,

Soit en autant de parties qu'il y a d'années, — chaque année comprenant une section de recettes et une de dépenses,

L'ordre chronologique est adopté pour les recettes comme pour les dépenses.

Les recettes comprennent :

L'actif porté en l'inventaire,

Les fruits et revenus des biens du mineur,

Les capitaux remboursés,

Les prix des biens vendus,

Les intérêts des capitaux placés,

Les intérêts dus par le tuteur à défaut d'emploi, (ces intérêts courent du jour où le capital a été reçu, à moins qu'il n'ait été fait emploi dans les 6 mois (C. N., 455 et 456).

Et les dommages-intérêts à la charge du tuteur pour les fautes par lui commises dans son administration.

Les dépenses se portent aussi dans le même ordre que les recettes.

Le chapitre des dépenses se compose :

Des frais de nourriture, pension et entretien du mineur,

Des frais d'éducation,

Des frais de scellés et d'inventaire,

Des frais de réparation des immeubles,

Des impôts,

Des rentes et des capitaux remboursés grevant les immeubles,

Des arrérages et intérêts des rentes et capitaux,

Des dépenses imprévues et de force majeure,

Et généralement de toutes les sommes dépensées dans l'intérêt ou pour l'acquit du mineur.

Les frais du compte de tutelle sont aussi à la charge de l'oyant; — on les porte dans le compte.

Quand le père ou la mère est tuteur d'un de ses enfants et par suite a la jouissance légale de ses biens, on ne comprend pas dans le compte : — les charges auxquelles sont tenus les usufruitiers, — la nourriture, l'entretien et l'éducation des enfants, — le payement des arrérages et intérêts, — les frais funéraires et de dernière maladie (C. N. 385).

Quand les dépenses et les recettes sont bien établies on les totalise, et on distrait la somme la plus faible de la plus forte pour en connaître le reliquat actif ou passif.

Si le reliquat est actif ou dû par le tuteur, il porte intérêt sans demande, à compter de la clôture du compte.

Si le reliquat est passif ou dû par le mineur, les intérêts ne courront que du jour de la sommation de payer qui aura suivi la clôture du compte (C. N. 474).

On fait ensuite le *certifié véritable* par le recevant, — et on annexe cet état de compte à l'acte de présentation, comme nous l'avons dit.

Voir *Formule,* Dict. Not.

SECTION II

DE L'ARRÊTÉ DE COMPTE

Cet arrêté ne peut être régularisé que dix jours au moins après la présentation du compte.

Il contient :

Les noms, prénoms, profession et domicile du rendant, — et de l'oyant,

La date de l'acte de présentation,

La date du compte.

La remise des pièces justificatives à l'ayant,

L'examen fait par ce dernier,

La lecture du compte à lui faite par le notaire,

L'affirmation par le rendant de la sincérité du compte, affirmation exigée par l'art. 534 du C. proc.,

La vérification des calculs,

La reconnaissance de leur exactitude,

L'arrêté du compte,

La somme active ou passive à laquelle le compte a été arrêté,

Le payement de cette somme par le débiteur, et la quittance qui lui en est donnée,

Ou l'obligation de payer,

L'époque de payement,

Le taux des intérêts,

Le jour de leur départ,

L'époque de leur payement,

La remise par le rendant à l'oyant — de tous les papiers, — des titres des rentes et inscriptions, — des titres de propriété, — enfin de toutes les pièces relatives aux biens et créances de l'oyant,

La décharge de ces titres donnée par ce dernier.

Lorsque le reliquat est payé par le tuteur, — ou est dû par le mineur, — celui-ci se désiste de ses droits d'hypothèque légale, — en donne mainlevée et en consent la radiation.

Le consentement de mentionner l'acte d'arrêté par tout où il en sera besoin,

Voir *Formule*, Dict. Not.

L'acte de présentation ou récépissé et l'acte d'arrêté ne peuvent, sans contravention, être écrits sur le même timbre (L. 13 brum. an 7; —sol. 20 fév. 1830).

Le projet de compte et le récépissé ne donnent lieu qu'au droit fixe de 2 fr.

Seul, l'arrêté de compte est susceptible du droit proportionnel, et encore il faut distinguer :

Si le reliquat du compte est payé comptant, on ne perçoit que le droit fixe de décharge de 2 fr.

Si, au contraire, le reliquat n'est pas soldé immédiatement, le droit d'obligation 1 0/0 est exigible (Cass. 30 août 1830).

Quand un tuteur rend, par un seul acte, le compte à plusieurs pupilles, — il est dû autant de droits de récépissé qu'il y a de pupilles.

CHAPITRE II

Des partages.

Le partage est une opération par laquelle on divise une chose appartenant en commun à plusieurs, — en déterminant la part de chacun.

Les partages les plus fréquents sont :

Le partage pur et simple entre copropriétaires,

Le partage d'ascendants, — autrement donation à titre de partage anticipé,

Et le partage de succession, souvent précédé de liquidation : — alors il s'appelle liquidation et partage.

Le cadre restreint de ce petit ouvrage ne nous permet pas de nous étendre autant que nous l'aurions voulu sur cette importante matière, — mais nos lecteurs pourront consulter notre *Traité pratique des liquidations et partages*, contenant tous les renseignements possibles.

SECTION PREMIÈRE

DU PARTAGE PUR ET SIMPLE.

Le partage pur et simple peut avoir pour objet : — des meubles — ou des immeubles.

Il est fait entre — copropriétaires — héritiers, etc.

Il contient :

Les noms, prénoms, professions et demeures des copropriétaires;

L'origine de leur indivision,

La désignation des biens indivis,

L'intention des copropriétaires de sortir de l'indivision,

La composition des lots,

La désignation des biens compris dans chaque lot,

La valeur de chaque objet pour montrer l'égalité des lots,

La propriété des biens,

L'attribution de chaque lot ou le tirage au sort,

L'acceptation par chacun du lot à lui attribué ou échu.

L'abandonnement des autres lots au profit des attributaires,

Le dessaisissement réciproque,

L'entrée en jouissance,

Les conditions du partage,

L'obligation par chaque copartageant de les exécuter,

L'état dans lequel se trouvent les biens,

La garantie du partage,

La souffrance des servitudes passives et la jouissance de celles actives,

L'indication des servitudes connues, — actives ou passives,

L'exécution des baux et locations — et l'énonciation de ces baux,

Les passages à fournir par un lot à un autre lot, — la précision de ces passages,— l'endroit où ils auront lieu, — leur largeur, — ceux qui en profiteront,

Le payement des contributions,

Le payement des frais,

Les soultes ou retours, — leur chiffre, — leur payement et la quittance, — ou l'époque de leur payement, les intérêts, les garanties offertes par le débiteur, — la réserve de privilége,

La remise des titres,

La décharge par chaque copartageant des titres particuliers à son lot,

Le nom du dépositaire des titres communs,

L'obligation par ce dernier de les communiquer à tous besoins, sous récépissé et sans frais, à ses cointéressés,

L'élection de domicile.

Voir *Formule*, Dict. Not.,

Et notre *Traité des liquidations*, form. 1, 2, 3.

Les partages sans soulte sont soumis au droit fixe de 5 fr. (Loi du 28 avril 1816, art. 43, n° 3).

SECTION II

DU PARTAGE ANTICIPÉ.

Ce partage est celui que les père et mère font, de leur vivant, de leurs biens entre leurs enfants ; ce partage est très-fréquent, surtout dans les campagnes.

Il renferme deux choses: 1o une donation par les parents, — 2o un partage entre les donataires.

La faculté de faire le partage anticipé a été accordée par l'article 1075 du Code Napoléon.

On indique :

Les noms, prénoms, qualités et demeures des parents donateurs,

Leur intention d'abandonner leurs biens présents à leurs enfants, et de les leur partager pour prévenir toutes contestations futures,

La donation entre-vifs faite par eux, conformément aux articles 1075 et 1076 du code Napoléon,

Les noms, prénoms, profession et domicile de tous les enfants et petits-enfants,

La quotité à laquelle chacun a droit,

La présence et l'acceptation desdits enfants et petits-enfants, — assistés et autorisés des maris, — tuteurs, etc.,

La masse des biens donnés et à partager, divisés ainsi : — biens propres au mari; — biens propres à la femme; — biens de communauté,

La désignation de ces biens,

Leur estimation,

L'état des dettes à payer, et dont les biens sont grevés,

La compostiion de chaque lot,

Le tirage au sort et l'attribution,

L'origine de propriété des biens,

L'entrée en jouissance,

Les charges et conditions,

L'obligation par les donataires de les exécuter,

L'état des biens,

Les servitudes,

L'acquit des impôts,

Les clôtures, passages et autres charges à établir sur un lot au profit d'un autre lot,

Les frais d'actes,

L'acquit des dettes, — la manière dont on les acquittera,

Les soultes,

Leur payement,

Les réserves faites par les donateurs, soit l'usufruit, leur vie durant, — soit une rente viagère,

Dans ce dernier cas, le chiffre de la rente,

L'époque de payement des arrérages,

Le lieu et le mode de ce payement,

La réduction au décès du prémourant des donateurs,

La pénalité en cas de non-payement,

La réserve de privilége sur les biens donnés,

La transcription,

Le rapport des mainlevées et radiations des inscriptions grevant les biens,

L'indication des biens laissés en commun,

L'acceptation de chaque lot par son attributaire,

L'abandon et le dessaisissement réciproque faits en faveur l'un de l'autre,

La reconnaissance par les donataires qu'ils n'ont aucune réclamation à se faire entre eux,

La remise de titres,

L'élection de domicile.

Voir *Formule*, Dict. Not.

Il est dû pour l'enregistrement des partages anticipés :

Le droit de donation entre-vifs (Voir Tit. x, ch. I, sect. II),

Le droit de 5 francs pour partage,

Et le droit de soulte, — 2 p. 0/0 pour les meubles, et 4 p. 0/0 pour les soultes immobilières.

SECTION III

DES LIQUIDATIONS ET PARTAGES.

Il y a trois espèces principales de liquidations et partages :

1o Liquidation de succession,

2o Liquidation de reprise,

3o Liquidation de communauté et succession.

Art. 1. — De la liquidation de succession.

La liquidation de succession — amiable — ou judiciaire, — contient.

Les noms, prénoms, professions et demeures de tous les intéressés,

Leurs qualités héréditaires telles qu'elles sont énoncées en l'inventaire — ou qu'elles résultent d'un acte de notoriété,

Les observations précédant les opérations,

Le décès,

Le jour et l'endroit de ce décès,

Les noms du défunt,

L'énoncé de l'inventaire, — ou de l'acte de notoriété,

L'énoncé du testament,

Ses principales dispositions,

Les formalités remplies à son sujet,

Le dépouillement de l'inventaire en faisant bien ressortir les choses pouvant donner lieu à rapport, — ou pouvant faire l'objet d'un article pour l'actif ou le passif,

La délivrance des legs,

Le jugement ordonnant la liquidation et commettant un notaire pour y procéder,

Le rapport d'experts pour l'estimation des biens et la composition des lots,

L'homologation de ce rapport d'experts,

La licitation des immeubles,

La date de la licitation,

Le montant des prix,

L'époque de leur payement,

Le taux des intérêts,

Le jour de l'entrée en jouissance,

Les formalités relatives aux biens étrangers, s'il y en a,

La vente des meubles,

Le compte du commissaire-priseur,

La date de cette vente,

Le produit brut,

Les frais à déduire,

Le produit net,

Les dots constituées aux enfants,

Le remplacement militaire des fils,

Le compte d'administration, lorsqu'il a été nommé un administrateur des biens de la succession,

Ce compte est établi sur deux colonnes, — l'une pour les fonds, l'autre pour les fruits.

Les recettes se composent :

En fonds : — des deniers comptants trouvés au décès, — des créances recouvrées depuis le décès, — des arrérages, intérêts, dividendes, loyers et fermages des biens de la succession, seulement pour la portion échue au jour du décès ;

En fruits : — des arrérages, — intérêts, — dividendes, — loyers, — fermages courus depuis le décès.

Les dépenses se composent :

En fonds : — des frais d'inhumation, — de dernière maladie, — de scellés, — d'inventaire, — de deuil, — des dépenses de nourriture et d'entretien, — et des dépenses de réparation, impôts, assurances, frais d'administration et autres relatifs aux immeubles, mais seulement pour la portion due au jour du décès, — les intérêts, arrérages, — loyers courus avant le décès;

En fruits : — des intérêts, — impôts, assurances, réparations, — entretien, et loyers courus depuis le décès.

On totalise les recettes et les dépenses et on balance ces deux totaux : le résultat est un excédant actif ou passif, — actif, on le porte à la masse active, — passif, à la masse passive ;

Avant de passer aux opérations, on en indique le plan,

La division des opérations en trois parties : — 1o L'établissement des masses actives et passives, — 2o la fixation des droits des parties, — 3o les abandonnements,

Le nombre des colonnes qu'il sera utile de faire,

Le jour que l'on choisit pour arrêter les calculs et compter les rentes et valeurs cotées à la bourse,

On procède ensuite à l'établissement des masses,

La masse active comprend :

L'argent comptant,

Le mobilier estimé en l'inventaire ou le produit de la vente,

Le reliquat du compte d'administration,

Le capital des rentes et valeurs sur l'État au cours de la bourse,

Le capital des rentes et créances sur particuliers,

Les intérêts et arrérages,

Les prix de vente des immeubles,

Les immeubles d'après l'estimation faite par les experts,

La désignation et l'origine de propriété de ces immeubles,

Les loyers dûs à la succession,

Le total de la masse active en fonds — et fruits.

La masse passive rapporte :

Les frais funéraires, — de dernière maladie,

Les impôts, —, assurances,

Les loyers reçus d'avance,

Les capitaux des créances et rentes dues par la succession,

Les intérêts et arrérages,

Les loyers et fermages dues par la succession,

Les legs acquittés,

Les intérêts de ces legs.

Les frais dus au notaire, — et les frais de la liquidation,

Le total, — en fonds, — en fruits,

La balance de la masse active — avec la masse passive, — l'excédant actif : — en capitaux, — et intérêts, — et en réunion,

La fixation des droits des parties,

La quotité héréditaire de chaque ayant droit, — en fonds, — en fruits,

Les abandonnements proposés par le notaire, — pour remplir chaque héritier de ses droits, — et pour arriver à l'acquit du passif,

Le tableau synoptique des abandonnements, pour montrer d'un coup d'œil l'ensemble de l'opération,

Les objets laissés en commun,

Le jour de l'entrée en jouissance,

La garantie,

La clôture.

Voir *Formule*, Dic. Not.,

Et notre *Traité des liquidations*, form. 9, 10, 11 27 et 12.

Art. 2. — De la liquidation des reprises.

Elle contient :

Les qualités des époux, — les sommations faites à la requête du poursuivant,

Les observations préliminaires,

La date du mariage,

L'analyse du contrat de mariage,

Les déclarations sur les dots, — soldées on non soldées, — si les immeubles et créances existent encore en nature, — s'ils sont loués, — les prix des biens propres vendus, — les acquisitions faites en remploi,

Les successions recueillies par la femme durant le mariage,

Les donations qui lui ont été faites pendant le même temps,

Les obligations souscrites par elle solidairement avec son mari, et dont celui-ci devra l'indemniser,

La dissolution de la communauté,

Le jugement prononçant la séparation de biens,

Le jour de la dissolution,

La pension à payer par le mari,

La renonciation par la femme à la communauté,

Les reprises en nature, — consistant en — l'apport en mariage de la femme, — les biens à elle échus ou à elle donnés et qui existent encore en nature,

Les reprises en deniers, — soit :

Les créances apportées en mariage, — l'argent comptant exclu de la communauté, — les indemnités dues à la femme pour prix de ses biens vendus sans emploi, — obligations souscrites par elle dans l'intérêt de son mari ou de la communauté,

De ces reprises, on déduit les récompenses dues par la femme à la communauté : — droits de mutation et frais d'actes payés pour les successions à elle échues, — réparations à ses immeubles propres, — sa part dans les charges du ménage, — les dettes payées en son acquit, — la balance,

Le reliquat net des reprises en deniers, — le payement de ce reliquat ou le délai accordé,

Les conditions stipulées entre les époux à ce sujet,

L'élection de domicile.

Voir *Formule*, Dict. Not.

Et notre *Traité des liquidations*, form. 4, 5, 6 et 7.

Art. 3. — De la liquidation de communauté et succession.

Cette liquidation se fait de la même manière que la liquidation de succession,

Elle contient :

Les noms et qualités des intéressés,

Les observations préliminaires, savoir : mariage et contrat de mariage,

Successions, dons et legs échus à l'épouse,

Aliénation de ses propres,

Remplois et autres faits donnant lieu à des récompenses ou indemnités en faveur de l'épouse ou de la communauté,

Faits semblables relatifs au mari et à ses propres,

Dons, legs et autres avantages faits par l'époux prédécédé,

Son décès, — scellés, — inventaire,

Testament,

Vente ou partage des meubles de communauté,

Compte du commissaire-priseur,

Vente et licitation des immeubles,

Administration de la communauté,

Compte de cette administration.

Acceptation bénéficiaire,

Renonciation par quelques héritiers,

Exécution du testament,

Compte de l'exécuteur testamentaire,

Délivrance de legs,

Expertise, tant pour l'emploi des immeubles dans la masse active que pour la liquidation des reprises et indemnités relatives aux propres des époux,

Jugement ordonnant la liquidation.

Nomination du notaire;

Le plan des opérations,

La division par colonnes,

Le jour où les calculs sont arrêtés,

Les diverses opérations.

1re Liquidation de la communauté.

Masse active,

Argent comptant,

Mobilier,

Compte de gestion,

Loyers,

Immeubles et valeurs de communauté,

Prix de vente des immeubles communs,

Rapport par des enfants;

Masse passive,

Reprises de la femme,

Reprises du mari,

Dettes de communauté,

Frais de nourriture et de logement à la veuve pendant 3 mois et 40 jours,

Frais d'inventaire et autres,

Part de frais de liquidation,

Balance,

Division des reliquats ;

2° Liquidation de la succession de l'époux prédécédé.

Masse active,

Reprise de la succession,

1/2 des bénéfices de communauté,

Biens propres à l'époux, —et dont il a fait la reprise en nature.

Masse passive,

Dettes personnelles à l'époux décédé,

Legs,

Deuil de la veuve,

Frais funéraires et de dernière maladie,

Part de frais de partage,

Balance et division du reliquat;

3° Droits des parties et abandonnements,

Droits respectifs des copartageants dans la masse totale des biens,

Prélèvement pour l'acquit du passif,

Abandonnement des divers biens et valeurs à chaque héritier jusqu'à concurrence de ses droits.

On termine en indiquant :

Le jour de la jouissance divise,

Les conditions,

Le payement des soultes et autres dettes de copartageant à copartageant,

Les conventions à l'égard des objets restés en commun et des sommes restant dues,

L'administration pour ces objets,

Les réquisitions des certificats de propriété pour immatriculer les rentes sur l'État au nom de chaque attributaire,

La remise et la conservation des titres de propriété,

La décharge respective,

Le tableau synoptique des abandonnements.

Voir *Formulaire-Pocket*, Form. — et notre *Traité des liquidations*, form. 8, 13 et 14.

L'enregistrement perçoit pour les liquidations et partages :

Le droit de partage, 5 fr.,

Le droit de soulte, s'il y a lieu,

Et les divers droits auxquels peuvent donner ouverture les stipulations contenues en ces actes. — On peut voir, au sujet de ces droits qu'il nous est impossible de donner ici, le Dictionnaire du Notariat, 4e édit., vo *Liquidation*,

Et la 2e édit. de notre *Traité des liquidations*, nos 3181 et s.

Les procès-verbaux d'ouverture, de lecture de communication, etc., ne donnent lieu qu'au droit de 2 fr. par vacation.

L'état de liquidation, lorsqu'il doit être homologué, n'est passible que du droit fixe de 2 fr.

Dans ce cas les droits sont perçus sur le règlement définitif, ou l'approbation.

FIN.

TABLE DES MATIÈRES.

TABLE ALPHABÉTIQUE.

—

A

M

N

O

P

FIN DE LA TABLE ALPHABÉTIQUE.

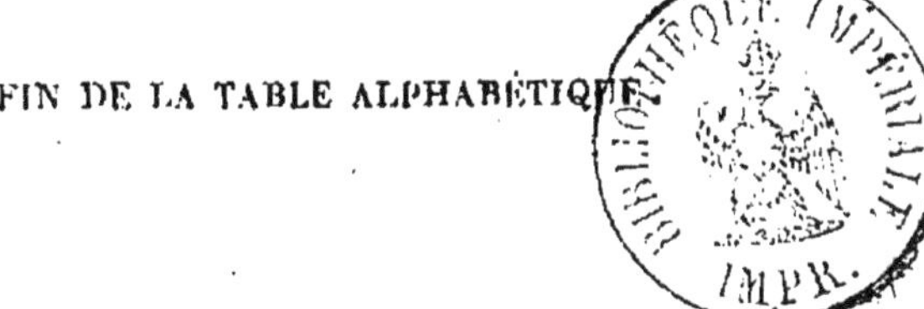

www.ingramcontent.com/pod-product-compliance
Ingram Content Group UK Ltd.
Pitfield, Milton Keynes, MK11 3LW, UK
UKHW021101220726
13924UKWH00005B/2179